探訪　真宗民俗

――儀礼の伝承と現代社会

目次

Ⅰ　真宗門徒の年中行事

Ⅲ　真宗の門流と殉教・教化

Ⅳ　対談　懐かしい人々の暮らし　――民俗学から真宗と現代を考える

I

真宗門徒の年中行事

修正会《しゅしょうえ》の餅

真宗本廟（東本願寺）他

一月元旦、新しい年を迎える。東本願寺の御鏡《おかがみ》餅《もち》は変わっている。このことに気づいて不思議に思ったのは、20年前、滋賀県長浜市で開催された「乗如上人御越年《じょうにょしょうにんごおつねん》」法要を訪れたときであった。オヤド（宿・会場）になった家の床の間に安置された2幅《ふく》の乗如上人絵像、その前に円形の平餅を6枚積み重ねた鏡餅が一対ずつ、計24枚備《そな》えられていた。本山《ほんざん》（東本願寺）の御鏡餅に倣《なら》ったものという。

東本願寺の阿弥陀如来《あみだにょらい》と御真影《ごしんねい》の御鏡餅は、折《お》敷《しき》の上に奉書《ほうしょ》紙を敷いて、円形の平らな餅を10枚重ねて一対ずつ安置する。一番上には葉付きの橙《だいだい》をのせる。御影堂《ごえいどう》の御真影前は前卓《まえじょく》に荘厳《しょうごん》、阿弥陀堂《あみだどう》の本尊前は卓が小さいので須弥壇《しゅみだん》に仮台を設けて置いているという。正月の修正会《しゅしょうえ》には、東本願寺御歴代の御影（絵像）が御影堂に安置され、御鏡餅が備えられる。煩瑣《はんさ》になるが、重要なことなので御歴代御影が安置される場所を記しておきたい。御真影の背後、向かって右の本間（内陣）北脇壇に蓮如《れんにょ》上人、本間南脇壇に彰如《しょうにょ》・闡《せん》如《にょ》・現如《げんにょ》上人の3幅、十字の間の余間《よま》壇に如信《にょしん》・覚如《かくにょ》・善如《ぜんにょ》・綽如《しゃくにょ》・巧如《ぎょうにょ》・存如《ぞんにょ》・実如《じつにょ》・証如《しょうにょ》上人、向かって右の北ソデ（袖：側面）が乗如《じょうにょ》上人、南ソデ（側面）が達如《たつにょ》上人、六軸の間の壇に顕如《けんにょ》・教如《きょうにょ》・宣如《せんにょ》・琢如《たくにょ》・常如《じょうにょ》・一如《いちにょ》・真如《しんにょ》・従如《じゅうにょ》上人、南ソデに厳如《げんにょ》上人、以上、23幅、御真影・親鸞聖人を入れて東本願寺24代である。この中、内陣脇壇の蓮如上人と彰如・闡如・現如上人御影の前に三重ねの御鏡餅、その他の御歴代御影の前には二重ねの御鏡餅が備えられる。つまり、積み重ねる餅は10枚、3枚、2枚と3種類である。

真宗本廟（東本願寺）修正会。
御影堂の御真影前（写真上）と
歴代御影（絵像）前（写真下）に
備えられた御鏡餅

御影堂の御真影前。円形の平らな餅を10枚重ねて一対安置する

奈良・薬師寺の花会式

こうした御鏡餅は、12月31日、愛知県の中島郡《ぐん》会《かい》の門徒によって奉納される。そして、夕方4時から歳末勤行《ごんぎょう》（歳末昏時《こんじ》）が、正信偈《しょうしんげ》（舌々《ぜぜ》）、念仏讃「南無阿弥陀仏ノ回向《えこう》ノ」次第六首　淘《ゆり》二、回向「願以此功徳《がんにしくどく》」という次第で行われる。修正会の勤行は元旦から7日まで、8日晨朝《じんじょう》後に荘厳払《しょうごんばら》いで普段の荘厳となる。ちなみに、下げられた餅は「おかき（あられ）」に加工して配られているとのことであった。

さて、修正会の餅とは何であろうか。なぜ、備えられるのか。仏教儀礼から考えてみよう。まず修正会であるが、文献的には『続日本紀《しょくにほんぎ》』７５９（天平宝字３）年6月丙辰（22日）条に「正月の悔《け》過《か》」とみえている。『今昔物語集』巻12には、元旦から7日まで宮中の正月神事が行われたので、その『後七日御修法《ごしちにちみしほ》』として昼は『金光明最勝王経《こんこうみょうさいしょうおうきょう》』が講ぜられ、夜に吉祥《きちじょう》悔過が行われていた。「悔過」とは人間の罪障を懺悔《さんげ》する修法である。新年にあたって悔過法を行い天下太平、風雨順時、五穀成熟などを祈念したのであった。東大寺修二会《しゅにえ》は、７５２（天平勝宝４）年に始められている。

現在、仏教寺院の正月行事に修正会と修二会がある。仏教民俗学者の五来重《ごらいしげる》は、旧1月に修正会、旧2月に修二会と繰り返して修せられてきたが、本来一体の行事であり、民俗が仏教化した正月行事という。修正会は前年の収穫を感謝し、修二会は農耕を開始する時期の予祝《よしゅく》行事として行わ

天念寺（大分県国東半島）修正鬼会。本尊前の梁（はり）に掛け餅が供えられ、講堂内では僧侶が読経（写真下）した後、香水棒の花を持って舞う。最後には堂内に餅がまかれる

上／滋賀県長浜市木之本町杉野のオコナイ、仏堂に餅と花を供える
下／滋賀県湖北地方のオコナイの餅

れたのだとした。そして共通する特徴が、餅と花（造花）である。東大寺二月堂の修二会では餅の壇供《だんぐ》が本尊須弥壇に山と積まれる。その脇には椿の枝に付けた造り花（椿の花を白・赤・黄色の3色でつくる）が供えられる。薬師寺の修二会（写真9頁）は花会式《はなえしき》とも称されるように、梅・桃・桜・藤・椿・百合・杜若《かきつばた》・山吹・牡丹《ぼたん》・菊の造花と餅の壇供が本尊前に供えられて六時行法の薬師悔過が行われる。前頁の写真は、大分県国東《くにさき》半島・天念寺の修正《しゅじょう》鬼会《おにえ》である。左上の写真のように、滋賀県の湖北・湖東・湖南地域の村々では、1月から2月に行われている民俗行事のオコナイがある。餅と花（造り花）が、阿弥陀堂など神仏に供えられる壇供である。

真宗には人間の罪障を懺悔するような修法や儀礼はない。年初の国家安穏や豊穣を祈念することもない。したがって、御鏡餅にこうした意味は付与されていないのである。御鏡餅を飾るとき、「供える」とは言わず、東本願寺・本廟部の『御堂日記』には「御鏡餅二枚宛奉備《ほうび》」と記載されていた。お仏供は「大佛供《だいぶっく》御備《おそなえ》」である。「供え物」ではないからである。修正会や鏡餅は世間一般の習慣に準じているのであろう。1493（明応2）年正月1日、蓮如上人の御前を訪れた道徳に対して、上人の「道徳はいくつになるぞ。道徳、念仏もうさるべし」という教えもある。それにしても、平たい円形の餅を何枚も積み上げる鏡餅は特殊である。

高田派専修寺《せんじゅじ》の報恩講《ほうおんこう》と通夜講《つやこう》「ししこ念仏」

三重県津市

高田派本山専修寺、通天橋から御影堂を望む

「ししこ念仏」（津市指定民俗文化財）とは妙な名称である。真宗高田派本山専修寺《ほんざんせんじゅじ》の報恩講《ほうおんこう》は、毎年1月9日から16日まで勤修《ごんしゅう》され、「ししこ念仏」が行われるのは15日の夜。専修寺のある一身田《いっしんでん》から東へ3キロほどのところ、伊勢湾岸にある白塚《しらつか》町の門徒が「通夜講《つやこう》」として勤めている行事である。若い頃、平松令三先生の「津市白塚町の高田本山通夜講―その成立をめぐる諸問題」（平松令三『真宗史論攷』同朋舎出版所収）を読んでから、ずっと機会あれば「お参りしたい」と思っていた。

2018年1月15日、午後3時半過ぎ本山専修寺を訪れた。御影堂《みえいどう》と如来堂《にょらいどう》が2017年に建造物国宝の指定を受けたので、土塀には祝いの横断幕が掛けられていた。参詣者は少なく、露店も片付けに入っている。境内《けいだい》に入り、御影堂と如来堂

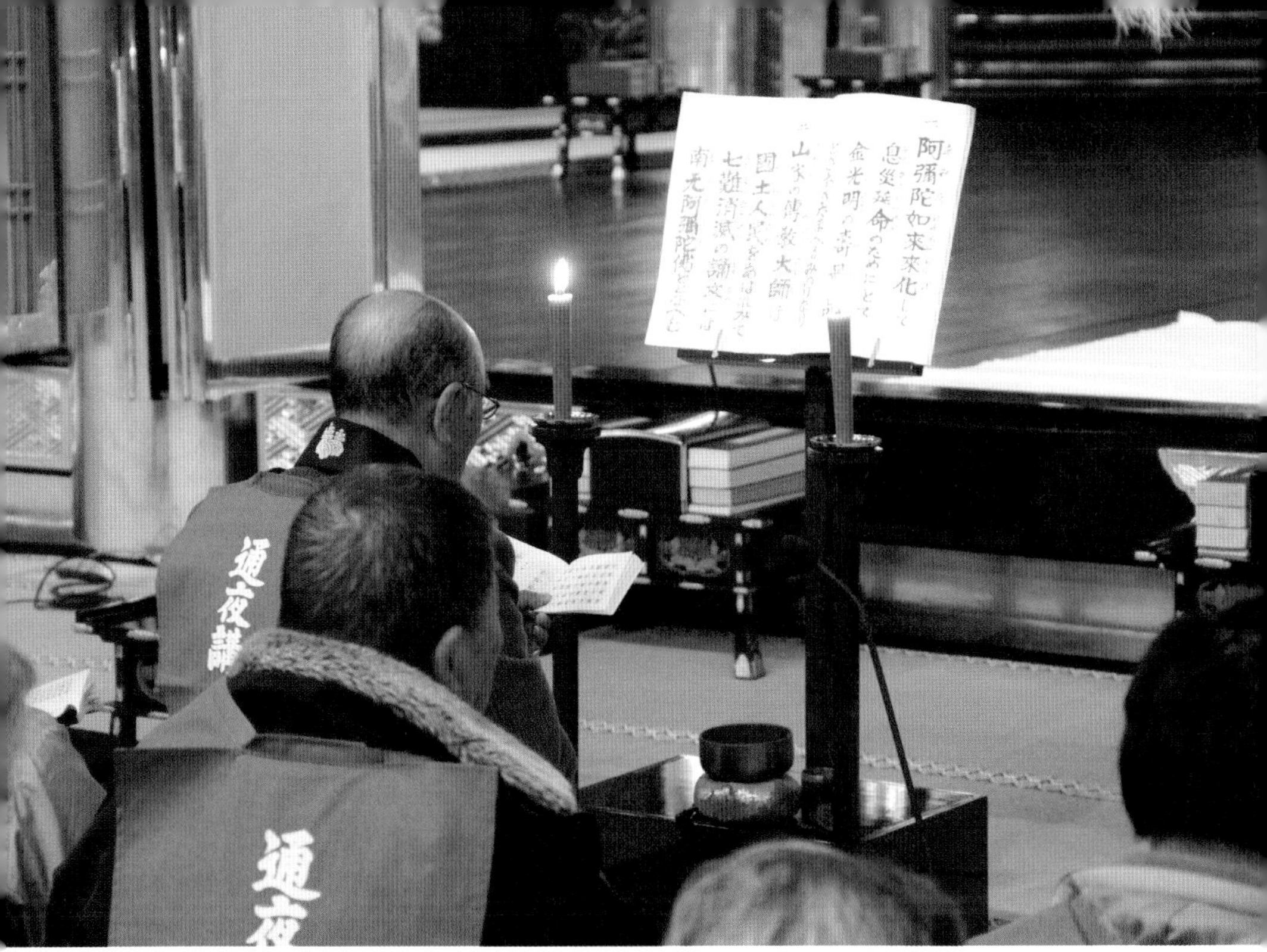

御影堂中陣(矢来内)の中央正面に見台を据え、「現世利益和讃」をよむ「通夜講」の講員

をつなぐ通天橋《つうてんきょう》から御影堂の甍《いらか》をながめると、修復後の飾り金具が立派で美しい。4時30分から始まった初夜勤行にお参りした。南無阿弥陀仏《なむあみだぶつ》や伽《か》陀《だ》は抑揚があり、大谷派の声明《しょうみょう》とはずいぶんと違う。高田派の声明は、大原魚山流《おおはらぎょさんりゅう》という。6時に終了して、それから専修寺宝物館主幹・新光晴《あらたこうじょう》氏からお話を伺った。

かつて白塚町は漁村で、「通夜講」「念仏講」「和《わ》讃《さん》講」などと呼ばれる地縁的な15の講集団があった。西垣外南講・西垣外《かいげ》北講・盆野垣内《ぼんのかいと》講・山野《やまの》元《もと》講・山野南講・山舗《やましき》西組講・山舗北組講・山舗中組講・山舗浜組講・辻大《おお》講・辻新講・北出大講・北出新講・新町南講・新町北講である。しかし、現在活動しているのは8講になってしまった。講員は160人余り、4、5年前までは460人ほどいたという。この人たちが講ごとに全員が参加して、朝まで声を張り上げ、『三帖《さんじょう》和讃』(『浄土《じょうど》和讃』『浄土高僧《こうそう》和讃』『正像末法《しょうぞうまっぽう》和讃』)を独特な節回しで全部読んでいた。15講がそれぞれ大きな声で一斉に読んだので、どの和讃を読んでいるのか分からない有様であったとのことであった。

午後7時に「重誓偈《じゅうせいげ》(三誓偈)」が始まった。中陣(矢来内)の中央正面に大きな見台《けんだい》(組立式)を据え、見台左右に朱蝋燭《ろうそく》、和讃本も大きい。代表の人が導師《どうし》を務めている。参加者は30名ほどであろうか。外陣《げじん》のお参りは5人。講員は「通夜講」と染められた肩衣《かたぎぬ》姿、女性は思い思いの格好である。

上／初夜勤行、七里講の吊り提灯が並ぶ　下／初夜勤行、御真影

足が冷えるので毛布で包む人もいた。70歳以上と思われる人ばかりであった。7時9分、「文類偈《もんるいげ》」が始まる。「文類偈」の上がっては下がるリズムの繰り返し、みんな経本を見ながら一生懸命読んでいる。7時24分「文類偈」終了、急に声が大きくなって「現《げん》世利益《ぜりやく》和讃」に入った(写真13頁)。「阿弥陀如来来化《らいけ》して　息災延命《そくさいえんめい》のためにとて　金光《こんこう》明《みょう》の寿量品《じゅりょうほん》　ときおきたまえるみのりなり」……「現世利益和讃」は『浄土和讃』の中にある15首和讃である。白塚の講は、この和讃をことのほか大切にしてきたという。

7時42分、15首を読み終えると短念仏、回向「願《がん》以此功徳《にしくどく》」で終了した。

夜通し『三帖和讃』をすべて読んでいた頃は、午後11時からの僧侶による後夜法要で中断し、このとき講の当屋《とうや》が差し入れた夜食の酒とムスビ(握り飯)を食べた。そして、16日午前5時の晨朝法要を知らせる梵鐘《ぼんしょう》が打たれると、これを「追い出し鐘《かね》」といって、「現世利益和讃」を読んだものだという。1965(昭和40)年頃が一番盛んで、70年代前半には参加講員が少なくなったようである。帰宅するとこの日ばかりは無料になる銭湯に入り、それから講ごとに当番宿に集まってゴッツォ(ご馳走)になった。講の成立は1692(元禄5)年頃まで遡《さかのぼ》ることができる。詳しくは、平松論文(前掲)を参照されたい。

白塚の漁師たちは、主に鰯《いわし》を獲っていた。伊勢地方は伊勢木綿《もめん》の産地として知られ、江戸時代に普及すると綿作りの肥料として大量の干《ほし》鰯《か》が必要となった。一身田にも干鰯問屋や木綿問屋があったという。1755(宝暦5)年に専修寺蔵の国宝『西方《さいほう》指南《しなん》抄』(親鸞聖人筆)を修復したとき、高田門徒の木綿問屋が費用を出している。白塚の漁師たちは、鰯を求めて伊勢湾だけでなく千葉県房総半島東岸の九十九里まで出漁していたという。こうした白塚の経済的豊かさと活況、そして「板子一枚下は地獄」と言われるように、危険と隣り合わせで海に生きた白塚漁師の信仰が15講の背景にはあったのであろう。戦後、木綿の衣類は化学繊維となり、家庭料理のダシも化学調味料になった。70年代前半が変化の境目であった。

中陣(矢来内)で勤行する講員

なぜ「ししこ念仏」と言われたのか。はっきりとした定説はない。「ししこ」が鰯の意味であり、鰯の中でも片口《かたくち》鰯であった。『語源由来辞典』などでカタクチイワシを調べると、別名にヒシコ(水戸)・ヒシコイワシ・シコ(東京)・シコイワシ(東京)などがある。こうした別称が訛《なま》って「ししこ」になった、というのはどうであろうか。「ししこ念仏」の呼称と行事は、高田門徒の篤《あつ》い信心を伝える民俗であった。

真宗と彼岸《ひがん》——四天王寺の彼岸会

大阪市天王寺区

お彼岸《ひがん》とは、3月の春分の日と9月の秋分の日の各前後3日ずつの1週間をいう。お中日《ちゅうにち》には、太陽が真東から昇り、真西に沈むので、昼と夜の時間が同じということになる。人々は、お墓参りやお内仏《ないぶつ》(仏壇)に彼岸団子や牡丹餅《ぼたもち》(おはぎ)をお供《そな》えする。寺院では宗派を問わず、彼岸会《ひがんえ》法要を行う。しかし、「彼岸会」の仏教的典拠ははっきりせず、インド・中国にもこの法要はない。仏教的には、私たちの生きている娑婆《しゃば》を此岸《しがん》、お浄土を彼岸ととらえて、「到《とう》彼岸」のために仏道修行をする期間とされている。真宗でも彼岸会法要は行われているが、一般とは少し異なった儀礼観で執行されてきた。

大阪の四天王寺《してんのうじ》(宗派「和宗」・大阪市天王寺区)は、聖徳太子建立の寺院として信仰され、また彼岸中日には西門石鳥居《さいもんいしのとりい》の真ん中に太陽が沈むことで知られている。平安時代から阿弥陀《あみだ》信仰の聖地であり、親鸞聖人も『皇太子聖徳奉讃《こうたいししょうとくほうさん》』で「このところにはそのむかし　釈迦牟尼《しゃかむに》如来ましまして　転法輪所《てんぽうりんじょ》としめしてぞ　仏法興隆したまへる」「宝塔金堂《ほうとうこんどう》は極楽の　東門の中心にあひあたる　ひとたび詣《けい》するひとはみな　往生極楽うたがはず」と『四天王寺縁起《えんぎ》』(根本本)を引用して述べている(『定本　親鸞聖人全集』第2巻 和讃・漢文篇、法藏館、2008年)。当時、西門石鳥居の向こうは難波《なにわ》の海(大阪湾)であり、夕日が沈んでいく西方は極楽浄土であると信仰されていた。浄土からみると四天王寺は東になり、仏舎利《ぶっしゃり》が納められた宝塔・金堂や西門石鳥居は極楽の東門とされたのである。12世紀末成立の『梁塵秘抄《りょうじんひしょう》』には「極楽浄土の東門

お彼岸の中日、四天王寺（大阪市天王寺区）の西門石鳥居に沈む夕日。鳥居は神社専用のものではなく、本来、「境界」を示すもので、墓地入口にも設けられた

は、難波の海にぞ対《むか》へたる、転法輪所の西門《さいもん》に、念仏する人参《まい》れとて」などとある。

2018年9月中日、お彼岸行事の「四天王寺日想観《じっそうかん》勤行《ごんぎょう》 行儀《ぎょうぎ》」(註)に参詣した。新大阪駅から大阪メトロ御堂筋線に乗って天王寺で下車、歩き出すと参拝者が次第に多くなる。石鳥居には、釈迦如来が法輪《ほうりん》（仏教の教え）を転じたところであり、四天王寺が極楽土の東門の中心にあたるという「釈迦如来転法輪所　当極楽土東門中心」の扁額《へんがく》が掲げられている。鳥居を入って左手には

(註)四天王寺では「日想観」を「じっそうかん」と発音している。

西門石鳥居には、四天王寺が極楽土の東門の中心にあたるという「釈迦如来転法輪所　当極楽土東門中心」の扁額が掲かる

「親鸞聖人御旧跡」の見真《けんしん》堂もあり、境内は人で溢れていた。17時20分、夕日が石鳥居の左端にかかりだすと、カーン・カーンと鐘が鳴った。同23分、導師と式衆《しきしゅう》が西大門（極楽門）に着座、「一心頂礼……」と読経《どきょう》が始まった。法要次第は「先、

上／鳥居を入って左手に建つのは「親鸞聖人御旧跡」の「見真堂」
左／大勢の参拝者で溢れる境内

三礼《さんらい》　一心頂礼　同十方法界常住三宝　三反」「次、表白文《ひょうびゃくもん》」「次、発願文《ほつがんもん》」「次、誦経《ずきょう》　開経偈《かいきょうげ》」「次、般若心経」「次、日想観文」「次、阿弥陀如来真言《しんごん》」「次、日天真言」「次、五念門（一）拝門」「次、観経文《かんぎょうもん》」「次、念仏十反」「次、念仏回向偈《えこうげ》」とある。17時35分、鳥居をながめると夕日の光で眩《まぶ》しい。同40分、今度は雲間に太陽が隠れた。同41分30秒、読経が終了。その後、災害に遭った死者への黙祷《もくとう》と導師の法話が行われた。

この四天王寺の彼岸会日想観は、意外に思われるが年中行事として行われたのは2001年秋からである。近世以降、途絶えていたというが、平安時代以降の極楽の東門、西門念仏信仰は確かなので、復活された行事に違和感はない。鳥居の真ん中に沈みゆく夕日を拝するのは感動的であり、日本人的な信仰行事であろう。

さて真宗にとっての彼岸であるが、どう違っているのだろうか。本願寺第3代覚如上人《かくにょしょうにん》の『改邪鈔《がいじゃしょう》』第11条に、「二季の彼岸をもって念仏修行の時節と定むる、いわれなき事」とある。一般的に彼

お彼岸行事の「四天王寺 日想観勤行行儀」。導師と式衆が西大門（極楽門）に着座し、読経が始まる

岸は念仏修行のときとされているが、真宗における往生《おうじょう》浄土の正因《しょういん》は安心《あんじん》であって、他力安心《たりきあんじん》にもよおされて仏恩報謝の行《ぎょう》はされるものである。他力の信心が定まれば、行住座臥《ぎょうじゅうざが》は論ずることなく、いつでも必ず彼岸に到ることができる意味である、という。だから「（二季の彼岸を）念仏往生の時分とさだめて起行をはげますともがら、祖師の御一流《ごいちりゅう》にそむけり」と結論している（東本願寺出版『真宗聖典』686頁）。吉崎御坊《よしざきごぼう》で彼岸会を執行していた蓮如《れんにょ》上人も、安心をいまだ得ていない人は、「参詣の足手を運んで法会《ほうえ》に出座」して聴聞するようにと述べている（稲葉昌丸編『蓮如上人遺文』536〜538頁）。

では、彼岸の墓参りはどうなのであろうか。日本人は、お盆と同じく春秋彼岸にも盛んに墓参りする。しかし、これは石塔墓《せきとうはか》が庶民にまで普及した近世以降、もっと言えば明治以降と言ってもよい習俗である。仏教と祖先信仰が習合した姿である。

お経《きょう》いただき

——西光寺の初参式《しょさんしき》

長崎県長崎市

西光寺の初参式では、勤行後、子どもたちが頭に『浄土三部経』を住職からいただかせてもらう

人身《にんじん》受け難《がた》し、いますでに受く。
仏法聞き難し、いますでに聞く。
（三帰依文《さんきえもん》）

私たちは、自分が人間であることを当たり前と思っている。しかし、「人身受け難し」なのである。人間として生まれてきたからこそ、いま仏の教えを聞くことができる。真宗門徒の誕生儀礼である初参式《しょさんしき》が、西光寺《さいこうじ》（真宗大谷派・長崎市福田本町）で行われていると聞いて訪れることにした。２０１８年3月31日、西光寺の法要は4月１日午前に行われるので、前日から出かけた。40年ぶりの長崎行きである。春休み、桜も満開ということで駅や列車は混雑していた。博多から長崎行き特急「かもめ」に乗り換える。九州の桜を初めて見

た。車窓から、あちらこちらに桜が見える。時間があったので、国立長崎原爆死没者追悼平和祈念館や長崎原爆資料館を見学した。翌4月1日、長崎駅からタクシーで西光寺へ向かう。国道202号線を曲がりくねりながら20分ほど行くと、山の斜面高台にお寺はあった。積み上げた高い石垣、境内からは角力灘《すもうなだ》の海がきらきら光っていた。

ご住職の藤井《ふじい》理統《まさのり》氏からお話を伺う。新生児の初参式は、親鸞聖人の誕生日(降誕会《こうたんえ》)とお釈迦さまの誕生日(花まつり)を併せて4月1日に行っているという。また、初参式は江戸時代から行っているようで、オカミソリ(剃髪)とかオキョウイタダキ(お経いただき)と呼ばれていたとのことであった。今年は0歳児7名、1歳児3名、6歳児1名、計11名の子どもが受式するという。婦人会が弁当を190人分作っているというので参詣者も多い。

10時30分、本堂入り口の広縁《ひろえん》で受付が始まっていた。記念品として念珠と赤本《あかほん》『正信偈《しょうしんげ》』、桃饅《ももまん》頭《じゅう》が入った弁当が渡される。桃は長寿を表してい

右上／角力灘の海を望む高台にある西光寺
左上／本堂入り口で初参式の受付
右下／初参式は4月1日、親鸞聖人の誕生日（降誕会）とお釈迦さまの誕生日（花まつり）を併せて行っている
左下／新生児や子どもたちが続々とお寺にお参りに来る

て、長崎では桃カステラもあり、3月の雛祭りや祝い事に食べられているという。「赤ちゃん見ると嬉しくなっちゃうね」「おめでとう、おめでとうございます」の声が聞こえる。御堂内の矢来内《やらいうち》には花御堂《はなみどう》が設えられていた。シャクナゲ・アイリス・キンセンカ・グラジオラス・スイセン・フリージャ・ツバキ・ラン・ストレチア（極楽鳥）の花で飾られ、ご門徒が育てて持ち寄ったものという。前卓《まえじょく》には白象が飾られている。桃饅頭もお備えされていた。

10時55分、子どもと両親が外陣《げじん》前列に並ぶ。華《はな》やかな雰囲気がする。11時ちょうどに法要が始まった。一人の子どもが大きな声で泣き出した。乳首をくわえている子どももいる。記念品の数《じゅ》珠《ず》を取り出している。「我建超世願《がごんちょうせいがん》〜」とお経《きょう》が始まっても子どもが泣き止まないので、母親が抱えて外に出ていった。和讃「一一《ちいち》のはなのなかよりは〜」、回向《えこう》「願以此功徳《がんにしくどく》」と続く。11時8分、いよいよ「お経いただき」となる。住職が折り本の『浄土三部経』を手にして、子どもたちの頭に一

右／本堂に設えられた花御堂
左／前列には、0歳児から6歳児までの子どもたちが並んでお参りする

人ひとりお経をいただく儀礼を行っていった。11時10分、住職の法話となる。「おめでとうございます。おめでたいことですけどね、仏法を聞くこともめでたいことなんですね。……なぜ生きている赤ちゃんがお経をいただくのかというと、仏法にご縁をいただいてほしいという願いをこめるんです。親御さんの願いというのは、素直に明るく健《すこ》やかにでありますけど、それよりもっと深い願いを与えて、それは仏法のご縁をどうぞいただいて、浄土に生まれてほしいという願いが仏教徒には、ことに真宗の門徒にはあるんですね。その最初の第一歩を示す、ご縁をいただくのがこの式であり花まつりです。……皆さんたちはたぶんお宮さんに参るでしょ、参って幸せになるようにと祈りますよね。お宮とお寺が違うのはですね、お宮で願うことは家内安全・無病息災ということですね。病気がなくすくすくと健やかに安全に、と願うているわけですけど、なかなかそう願ってもそう行きませんな、人生は。思い通りにならんことばっかりですな。……しかしながら思うようにい

かんけれども、思うようにいかんことが人生の大切な意味なんだということを教えてくれる。そして思うようにならんことも、なることも、私を育てる大切なご縁なんだという、そういう世界をいただいていける、ということでしょうね」。11時18分、甘茶《あまちゃ》を花御堂《はなみどう》の誕生仏に灌《そそ》ぐ。この後、婦人会による「みほとけの歌」7曲と踊りが御堂内で行われ、13時過ぎに終了した。

西光寺では、年間52もの行事が行われている。御正忌報恩講《ごしょうきほうおんこう》や春秋彼岸会・永代経会《えいたいきょうえ》などは1週間ずつ勤められている。平和講座（原爆法要）も行っている。原爆によって、ご門徒だけでも100人以上が亡くなっているという。住職に「行事に追いかけられていますね」と言うと、「行事を追いかけている、追いかけられると苦痛になるから、追いかけているのだ」と返された。「お経いただき」の初参式は、人間として生まれ、真宗門徒として歩み出す私の第一歩であった。

蓮如上人《れんにょしょうにん》の御上洛《ごじょうらく》

——御影道中《ごえいどうちゅう》

滋賀県長浜市

年々歳々《さいさい》花《はな》相似《あいに》たり
歳々年々人同じからず

蓮如上人御影道中《れんにょしょうにんごえいどうちゅう》は、変わったのか。それとも変わらずに伝承されているのだろうか。蓮如上人五百回御遠忌《ごえんき》（1998年）の頃、福井から吉崎別院までの1日、御影御下向《ごげこう》に同行して歩いたことがあった。もう、20年ほど前になる。それから世の中は大きく変わり、生活の仕方も一変、なによりも社会の価値観が変わった。その中で、私たちは人間としてどう生きたらいいのか、分からなくなってしまった。

御下向は4月17日、真宗本廟《しんしゅうほんびょう》（東本願寺）を出発する。琵琶湖西岸を歩いて6泊7日240㎞の

春の田圃に「蓮如上人様の
お通り〜」の声が響く

旅、23日吉崎別院に到着する。吉崎での御忌《ぎょき》法要を終えると御上洛《ごじょうらく》。5月2日に出発して湖東回りで7泊8日の280㎞、9日に東本願寺に到着する。

今度は御上洛道中を歩きたいと思っていた。5月5日、滋賀県長浜市のJR木ノ本《きのもと》駅に降り立つ。季節は移ろっている。御下向に同行したとき、福井市内は桜が満開でコブシの花も咲き残っていた。北陸の田圃《たんぼ》は田植え準備に忙しかった。御上洛の木之本近辺では、田植えはほとんど終わり、麦が青々と膝ほどの高さに育っている。山藤も咲いていた。牡丹や桐の花も咲いていた。

御上洛道中4日目の宿泊地は、木之本の明樂寺《みょうらくじ》である。訪れたとき、門徒さんたちの女性が、御影に随行《ずいこう》して歩く教導《きょうどう》(僧侶)・宰領《さいりょう》(総責任者)と数名の供奉人《ぐぶにん》(責任者)の夕食を用意されていた。「葉わさびの醤油漬けを出しますよ」とお聞きする。18時15分、日が傾きかけてきた。「蓮如上人様のお通り〜」と先触れの声が聞こえてくる。北国街道の北から歩いてくる小さな姿が見えた。18時

25分、明樂寺に御到着。立派な本堂内陣《ないじん》に蓮如上人御影の納められている櫃《ひつ》を安置、ご門徒が蝋《ろう》燭《そく》を献灯していた。向かって右には『蓮如上人絵伝』4幅が奉掛されている。20時、喚鐘《かんしょう》が鳴って蓮如忌法要が始まった。参詣人は40名ほど、ご門徒も一緒になって、大きな本堂の中に正信偈と念仏の声が静かに流れ響いていく。声が止むと、蛙《かえる》の鳴き声が外から聞こえてきた。

宿泊や休憩のため、お寺や門徒宅など146もの会所に立ち寄る道中

5月6日、朝の7時から本堂で勤行、御文は一帖目第8通の「吉崎建立」。7時30分、「蓮如上人様、明樂寺様、お立ち〜」。ご門徒は「ご一行様をお送りしたい」と街道の店から出てきて見送る人、「ありがとうございます」「ご苦労様です」「行ってもうた、行ってもうた」……肩衣《かたぎぬ》を着けて念珠を手に合掌していた。以下、お立ち寄りの場所と時間を記してみよう。7時52分に田川宅お着き、8時55分・片桐宅着、9時36分・真願寺着、10時11分・運徳寺着、11時5分・念慶寺着、ここで昼食のカレーと五平餅・タケノコと蕗《ふき》の煮付けが振る舞われた。12時18分・慶善寺着、ポツポツと雨が降り出したのでみんな合羽を着た。13時10分・准願寺着、オオデマリの花が美しい。蓮如上人が来る頃、満開になるという。14時10分・JR虎姫駅前で休憩、14時45分・五村別院着……といった具合である。道中5日目の宿泊地は長善寺（長浜市）であった。

ひたすら歩く。読経《どきょう》、説教、歩く、をくり返す。教導の相馬《そうま》豊《ゆたか》師が、「名を呼べばよみがえっ

到着後、本堂に御影を安置して「正信偈」を勤める（明樂寺）

本堂にかかる「蓮如上人絵伝」（明樂寺）

随行教導や宰領と数名の供奉人が中心となって、一般参加者と共に御影をお運びする

各会所では蓮如上人の御影をお迎えし、勤行と随行教導による法話が毎回行われる

てくるものがある、名を呼ばなければ、よみがえってこない、余韻が残っている、確かなものが残っている、声を聞き取るのだ」と語っていた。「蓮如さんのお下がりです」と、菓子をひとつもらうと有り難がっている姿。老人から子どもまで出迎えている姿があった。20年前と変わらなかった。

　1475（文明7）年8月下旬、蓮如上人は吉崎を去ったが、湖東の道は通っていない。海路で若狭の小浜に上陸している。上人は、宗祖御真影《しゅうそごしんねい》のところ、そして京都の大谷故地へ戻りたかったのだろう。1480（文明12）年8月28日、山科での御文に「自分は年来、京都や田舎をめぐってきたが、心中に思っていたことは、なんとか生きている間にこの御影堂を建立して、心やすく往生したいものだと念願していた、今夜成就した」（法蔵館『蓮如上人遺文』317頁）と述べている。

歩く人、出迎える人、一人ひとりの御仏事

この日は自主参加の小学5年生が先頭

　なぜ、歩くのか。吉崎から京都まで、小学5年生から85歳までの人が歩いていた。小学5年生にも意思がある。自分から「歩き通す」と言ったという。御影道中、歩くことに精一杯、黙して歩く。それでも気遣《きづか》って、声を掛けてくれる人がいる、「どこから来たの」と。沿道には待っていてくれる人がいる。だから、歩くことができる。御影道中は、今年（2018年）で345回を迎える。

家の前に出て、家族そろって合掌する姿も

郡中御影報恩講《ぐんちゅうごえいほうおんこう》

石川県小松市

毎年7月23日、石川県小松市では「郡中御影報恩講《ぐんちゅうごえいほうおんこう》」の法要が行われている。420年余りも続いているという。「郡中御影」とは、どういうことなのか。この暑い時期に「報恩講」とは……通称「なすびの報恩講」と呼ばれているようだが、これは茄子《なすび》の収穫時期だからだろう。滋賀県の長浜市で7月に行う「お講」(註)のことをナスビオコウ（茄子お講）と呼んでいた。あれこれ思いながら、22日夕方、気温35度の名古屋から特急「しらさぎ」に乗り込んだ。

郡中御影とは、本願寺第12代教如上人《きょうにょしょうにん》によって1595（文禄4）年の8月と10月に2幅、旧能美郡《のみぐん》（現・小松市と能美市、川北町と白山市の一部）四日講に下された顕如上人御影と親鸞聖人御影である。本願寺と織田信長が戦った石山《いしやま》合戦の時、旧能美郡の門徒も大坂へ馳せ参じた。その労苦に応えて下されたのが郡中御影だという由来がある。真宗本廟《しんしゅうほんびょう》（東本願寺）で2013年に行われた教如上人400回忌法要のとき、郡中御影が展示された。最初に依頼が来たとき、僧侶方が出品許可を承諾したが、郡中方（門徒）から「わしらに相談してくれなければ」ということになった。改めて両方で協議し、「本山《ほんざん》（東本願寺）での展示はいいことだ」ということになり出品できたという。また、かつて郡中御影が金沢別院に所管移転されようとしたとき、門徒が鉄砲を撃って抗議し

(註)お講……門徒が仏法聴聞のために、日を定めて行う会合。

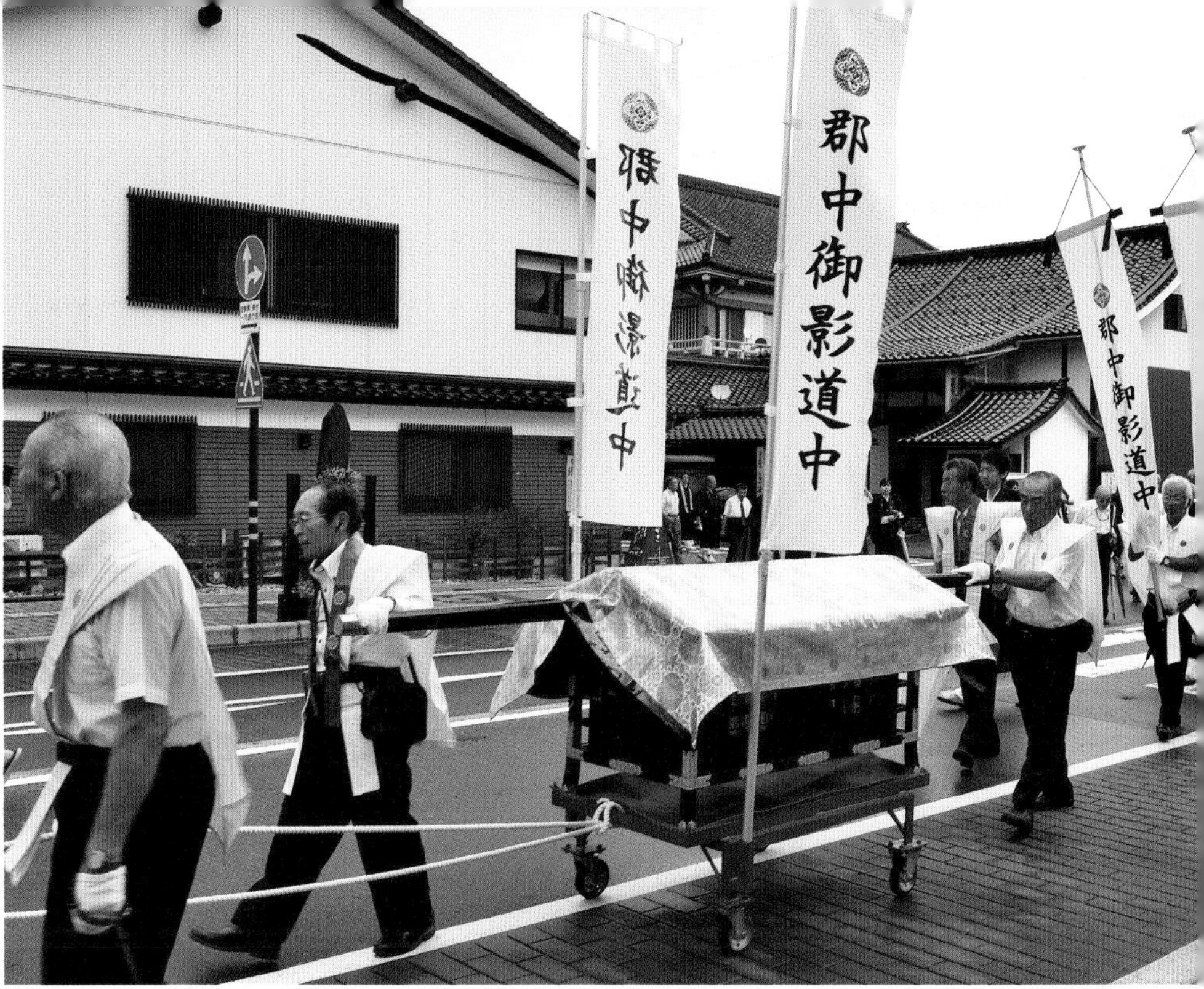

あたりに「郡中御影様のお通り～」の声が響く

たという話も伝わっている。郡中御影は「門徒にいただいたもの」との意識が強い。

郡中御影報恩講の会所《えしょ》(会場)は、本光寺《ほんこうじ》・本覺《ほんがく》寺《じ》・勸帰寺《かんきじ》・勝光寺《しょうこうじ》・稱名寺《しょうみょうじ》・本蓮寺《ほんれんじ》の小松6か寺の輪番で巡回している。2017年は本光寺であった。当日の様子を見てみよう。

午前8時、郡中御影を保管している勸帰寺から、御影を入れた唐櫃《からひつ》が本光寺に向かって出発。今にも雨が降り出しそうな、どんよりとした雲が垂れ込めている。白い本肩衣《ほんかたぎぬ》を着けた人たちは各組講《くみこう》の会長・副会長を中心に構成される十二日講のメンバーだ。唐櫃をキャスターの付いた台車に乗せ、唐櫃の前後に6名が旗持《はたも》ち、6名が随行する。その後ろには門徒が従う。先触れで「郡中御影様のお発ち～」「郡中御影様のお通り～」、蓮如上人吉崎御影道中のようだ。8時10分、本光寺着。すぐ内陣に向かって左の余間壇《よまだん》に御影2幅を掛ける。親鸞聖人御影は向かって右、顕如上人御影は左側、僧侶方は白い手袋をしていた。9時、満堂の中で法要が始まる。両御影にも代行焼香《しょうこう》が行われ、「帰命無量寿如来《きみょうむりょうじゅにょらい》……」の『正信偈《しょうしんげ》』の声が堂内に広がった。雨がぼそぼそ降っていて蒸し暑い。9時30分に勤行終了、能美郡四日講宛の御消息《ごしょうそく》拝読。続いて宗務総長代理の参務挨拶、組《そ》門徒会や組門徒会員功労者への感謝状・表彰状贈呈と続き、10時30分から法話となった。講師の

伊藤元《げん》師（日豊教区徳蓮寺前住職）は、「宗風は門徒の生活習慣にもなった、人生の生き方になっている」「聞くことは命である、教えてもらって生きていく、聞《もん》に始まって聞に極まる」「考えることは自分の人間の器量である、聞くということは器量を超えたものにふれることができる」「仏法を聞いて

上／御影を入れた唐櫃が勧帰寺から出発し（上）、本光寺に到着（下）
左／肩衣の背には「十二日講」の名が入っている

「郡中御影」。向かって右が親鸞聖人御影、左が顕如上人御影。普段は勧帰寺に保管されている(小松市指定文化財)

伊藤元師による法話

も分からん、という人がいる、仏法を聞いていてない、自分の考えの中に仏法を当てはめようとしているだけである」……と語られた。この頃、雨がいっそう激しくなる。11時45分、法話終了、お斎《とき》となる。弁当であったが、ナスビが2切れ入っていた。

四日講は220余か村からなる旧能美「郡」一円にわたって組織された門徒の講であり、現代まで生き続けていることに驚く。「組門徒会」は、粟《あわ》津《づ》組・苗代《のしろ》組・小松組・板津《いたづ》組・徳橋組・北板津組・十日講組・九日講組と地域単位で組織されて

組門徒会や組門徒会員功労者への感謝状・表彰状贈呈

220余か村からなる旧能美郡の門徒で組織された講が、現代も生き続けている

本光寺に到着すると、御影を本堂にお掛けし、満堂の中、報恩講が勤まった

いる。徳橋組は昔の「徳橋郷」という。九日講組は白山市・能美市辺りで、受付には左礫町《ひだりつぶてまち》・広瀬町・仏師ケ野町《ぶしがのまち》・別宮町《べっくまち》・別宮出町《べっくでまち》の門徒が来ていた。小松市東南部の山間地帯になる苗代組の下部には、瀬谷・西尾・里方の小組講があり、その下部が町単位の町組講、さらに下にワカイシュコウ（若い衆講）や婦人会の講になるという。オモセワカタ（重世話方）・アザセワカタ（字世話方）などと呼ばれる本山世話方が選出されている。徳橋組では、粟津《あわづ》温泉で開催される年1回の総会に150人ほどの世話方が集まるという。本山からの経常費《けいじょうひ》御依頼も、この講組単位に割って依頼され、管理も講で行われているとのことであった。

四日講の能美「郡」に組織された重層的な講組は、一向一揆の頃の「郡」を彷彿《ほうふつ》とさせる。話を聞いた人は、「自分たちの真宗は悟りの宗教だ。聞いて正すお講である。聞けば聞くほど分からなくなるから、また聞く。聞いて身を正すのだ」と語ってくれた。

正定寺の七日盆《なのかぼん》

奈良県宇陀市

真宗門徒のお盆はどうあるべきか。このことを考えるとき、かつて訪れた正定寺《しょうじょうじ》（浄土真宗本願寺派・奈良県宇陀市）の七日盆《なのかぼん》行事を想起する。すばらしい、心に残る美しい光景。そして、これこそ最も真宗的な盆行事であったと思う。

名古屋から名阪道路を走り、針インターから国道３６９号線、分岐して県道28号線を走ると正定寺のある向渕《むこうぢ》の集落があった。山間の村で、さらに行くと女人高野で知られる室生寺《むろうじ》に至る。向渕は海抜４３０メートル、１５０戸ほどの村である。生業は山仕事が中心、自家用の米と野菜を棚田や畑で作ってきた。炭焼きと竹細工も盛んであったという。典型的な門徒の村で、村の中には正定寺と安楽寺の2か寺、ナカ（那珂）と呼ばれる昔道場であった家があ

廟所での勤行（正定寺・奈良県宇陀市）

る。村組である7つのカイト（垣内）があって、カイト入りの行事が残っているとのことであった。

「七日盆」は8月7日に行われる。以前、全国各地でこの日に墓掃除などが村中で行われ、お盆の期間に入ることを知らせる盆行事であった。正定寺では、この1年間に亡くなった門徒の遺骨を寺の廟所に納骨する法要として、今でも七日盆を行っているのである。法要は午後1時半から始まった。三奉請《さんぶじょう》（真宗大谷派の伽陀《かだ》に

右上／本堂での勤行
右下／七条袈裟を着けた住職に朱傘が掛けられ、行列は本堂から廟所に向かう
上／二尊堂には法然上人と親鸞聖人の御影が掛けられている

相当）から音木《おんぎ》入りの『阿弥陀経』読誦《どくじゅ》となり、50人ほどの参詣者も一緒に読んでいる。ゆったりとしたリズムで、大谷派の読み方よりはずっと遅い。読経が終わると住職法話となり、「年々歳々《さいさい》花相似《はなあいに》たり、歳々年々人同じからず」から、納骨者となった4人の思い出や生涯について、住職が一人ひとり語られた。如来《にょらい》との出遇《であ》い、南無阿弥陀仏をいただく、どのような人生を生きてきたのか、何を支えに生きてこられたのか、人生の有り様を仏様の教えにいただいていく等々、報謝《ほうしゃ》（仏様への報恩感謝）についての内容であった。

2時10分、納骨する家の施主4名が裃《かみしも》を着けて参列、遺骨が本尊《ほんぞん》前に安置されている。遺骨は12センチくらいの竹筒に入れられ、竹の周りを和紙で包み法名《ほうみょう》を書いたものであるという。葬式翌日、この遺骨を持っての寺参りがあり、寺では須《しゅ》弥壇《みだん》のところに七日盆まで預かっていたものである。「帰三宝偈《きさんぼうげ》」を読経《どきょう》、「白骨の御文章《ごぶんしょう》」拝読が終わると廟所に向かった。住職は七条袈裟《しちじょうげさ》を着け、朱傘が掛けられる。行列を組んで山道を歩いたと

山里の中に建つ正定寺（右手前）。左奥は安楽寺

き、振り返ると向渕の村全体が眼に入り、美しい真宗門徒の村と寺の風景であった。廟所は親鸞聖人《しょうにん》の母親・吉光女《きっこうにょ》が尼になって住んだ庵の跡と伝承されている。到着すると三奉請《さんぶじょう》、『正信偈《しょうしんげ》』、「本願力《ほんがんりき》にあいぬれば」、「正覚《しょうがく》の」の和讃《わさん》を読んで納骨された。ちなみに、8月15日に盂蘭盆会《うらぼんえ》の法要はあるが特別なことはなく、初盆意識もないと聞いた。

正定寺は古い歴史を持つ。本願寺3代覚如上《かくにょしょう》人《にん》の長男であった存覚《ぞんかく》上人（1290〜1373年）が開基である。『存覚袖日記《ぞんかくそでにっき》』という史料には、1370（応安3）年に大和向渕顕実《けんじつ》の相伝する方《ほう》便法身《べんほっしん》尊形と法然《ほうねん》・親鸞《しんらん》の影像に上人が裏書をしたとある。境内にはこの影像を安置する二尊堂があり、存覚上人御遺骨もあった。上人が向渕で念仏教化された伝承も語られている。歴史が伝承を生み、伝承が歴史を生み出して、正定寺には念仏の教えが伝えられてきた。七日盆の行事は、簡素ではあるが、確かな真宗門徒の盆行事である。

太子寺で居念仏する念仏衆

おんない念仏会《ねんぶつえ》

三重県鈴鹿市

如来堂
一、ごくらく《極楽》の　にわ《庭》のうえき《植木》に
なに《何》がなる
なむあみだぶつ《南無阿弥陀仏》の
むつ《六》のじ《字》がなる

毎年8月4日、三重県鈴鹿市三日市《みっかいち》の如来寺で「おんない念仏会《ねんぶつえ》」という念仏行事が行われる。15年前に一人で見学したことがあった。今はどうなっているのだろうか。もう一度見て確認したいこともあった。夜8時から始まるので、名古屋から車で午後5時に出発、6時過ぎには到着、いまにも雨が降り出しそうな天候であった。如来寺は、隣接する太子寺とともに真宗高田派本山兼帯《けんたい》

所《しょ》になっている。親鸞聖人の高弟顕智上人《けんちしょうにん》（高田派第3世）と善然《ぜんねん》（善念）上人が念仏弘通《ぐづう》された遺跡地という。如来寺の本尊《ほんぞん》は善光寺如来の一光三《いっこうさん》尊《ぞん》仏で脇に顕智上人木像、太子寺の本尊は聖徳太子孝養《きょうよう》木像で木像善然上人坐像《ざぞう》（鎌倉時代・国指定重要文化財）を安置している。

「おんない念仏」とは不思議な名称である。伝承から紹介しよう。1310（延慶《えんきょう》3）年7月4日朝、顕智上人は下野国《しもつけのくに》（栃木県）高田で門徒に説教をされていたが、突然お姿が見えなくなった。ところが昼頃にはこの如来寺でお説教をされていて、夕方になると村はずれにあった「一ツ橋」の辺りで行方《ゆくえ》知れずになった。田の草取りをしていた村人は、雨が降っていたので蓑笠《みのかさ》を被《かぶ》ったまま東と西に別れて上人を探したという。だからオンナイは「御《おん》身無《みない》」あるいは「恩愛《おんない》」の意味だと説明されている。念仏行事は現在8月4日であるが、昔は旧暦7月4日であった。高田山宝庫で発見された顕智上人の御遺骨包紙に「けんちの御坊の御しやり（舎利）、ゑんきやう（延慶）三年かのへいぬ七月四日のとりの時御わう

如来寺。隣接する太子寺とともに真宗高田派本山兼帯所になっている

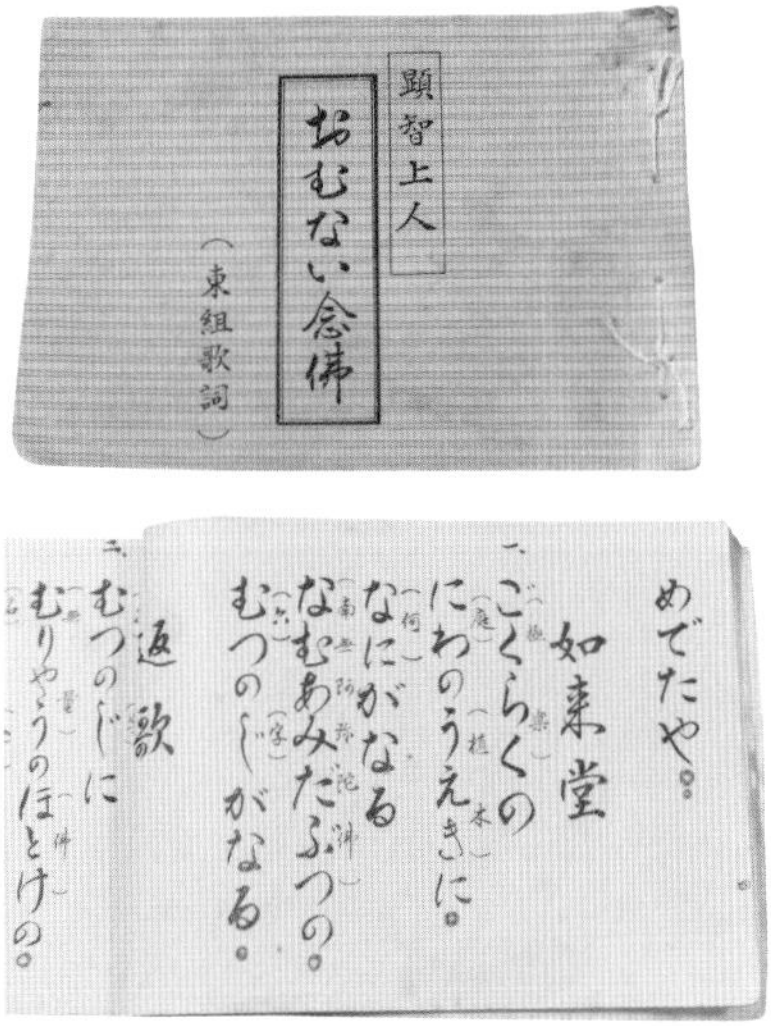

『顕智上人おむない念佛（東組歌詞）』

しゃう也」とあるので、この7月4日は上人の命日である（平松令三「親鸞聖人及歴代上人の御遺骨について」、同氏『真宗史論攷』同朋舎出版所収）。如来寺・太子寺の裏手に御廟所があった。

　午後8時、おんない念仏会が始まった。傘鉾《かさぼこ》と灯篭《とうろう》が東組・西組で各2つずつ、鉦《かね》も各3つずつ、音頭取り（発声）が1名ずつ出る。如来堂の前に別れて東組21名・西組25名の念仏衆が「しゃがむ」蹲踞《そんきょ》の格好で座った。「南無阿弥陀仏」と染め抜いた浴衣の上に、「四日講」と書いた水色の肩衣《かたぎぬ》を着け、菅笠《すげかさ》を被っている。最初に「○○弥《み》ン陀《だ》ァ、○○南無阿弥陀《なむあみだ》　南無阿弥陀ァァ佛○○」（○は鉦を打つ）と念仏から始まった。この後東西の組に分かれて和讃「如来堂」を唱えた後、村の中の各所で和讃を唱えるために歩き出した。回る場所の順番と和讃は、両組により多少異なるが、「如来堂」「両堂門前」「熊野路」（常超院）「久右衛門」（道路脇）「太子堂」「両堂門前」「観音堂」「橋口」「十王堂」「氏神」（文吉前）「市神」（源八前）等である。再び如来堂前に戻り、初盆の和讃といって父母や子どもを弔《とむら》う和讃を唱え、9時過ぎには終了した。

如来寺と太子寺の裏手にある顕智上人の御廟所に移設された「一ッ橋」の碑

おんない念仏会の特徴は、念仏・傘鉾・和讃である。全国各地の盆行事に民間の念仏踊りがあるが、おんない念仏会はまったく踊らないどころか動かない。「しゃがむ」蹲踞の姿勢で唱えるだけの「居念仏《いねんぶつ》」である。こうした形態は、愛知県奥三河の東栄町足込《あしこめ》にも見られる。かつて仏教民俗学者・五来重《ごらいしげる》氏は、「おんない」は多くの人が念仏を唱えて融通《ゆうづう》しあう「大念仏《だいねんぶつ》」の一種で、もとは踊りを伴っていたはずと説明した。踊りを止めたのは顕智上人であった、とも述べている。これに対して、平松令三氏は「顕智上人の濡れ衣をはらす」（真宗高田派『教学院紀要』10号、2002年）を書いて、この行事は顕智上人の命日に上人を偲んで始まったのであり、はじめから踊りはなかったと反論された。三重県の津市や志摩地域から愛知県の渥美半島、さらに奥三河にかけて、念仏踊りの中に「大念仏」がみられる。愛知県豊根村坂宇場《さかんば》では念仏踊りや太鼓踊りとは区別されていて、最後のソウリョウ（総精霊）送りのときに「大念仏」を唱えるものとされている。和讃については、常磐井猷《ときわいみち》

2基の傘鉾を従え村の中を歩く念仏衆。傘には灯篭や人形等の手芸品が吊るされている

村の各所でしゃがみ、和讃を唱える

麿《まろ》・高田派前御法主が、「おんない念仏歌考注」（『高田学報』47輯、1960年）で述べられている。愛知県豊田市足助《あすけ》町綾渡《あやど》の夜念仏《よねんぶつ》では、編み笠に浴衣姿の村人が小さな鉦を打ちつつ、念仏をしみじみと歌うように唱えていた。詠唱《えいしょう》念仏である。傘鉾は各地の念仏踊りや祭礼に登場するものと共通している。三重県大王町波切《なきり》の盆行事「大念仏」では、カサブク（傘鉾・傘奉供）の中に死者の遺髪やかんざし・手さげ袋など遺品を傘骨から吊るし、傘の周りには裂地《きれじ》を下げて戒名《かいみょう》の紙を貼っていた。

　おんない念仏は、命日に顕智上人を偲ぶ行事から始まり、民間の念仏や盆行事が習合した高田門徒の念仏行事とみることがふさわしい。

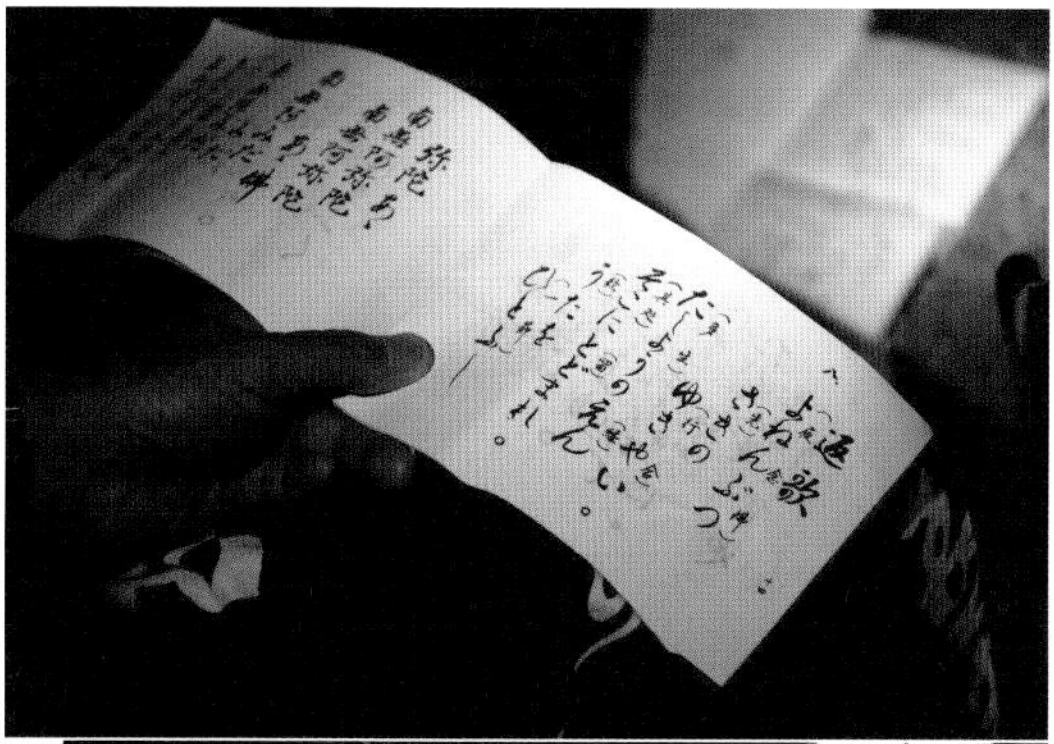

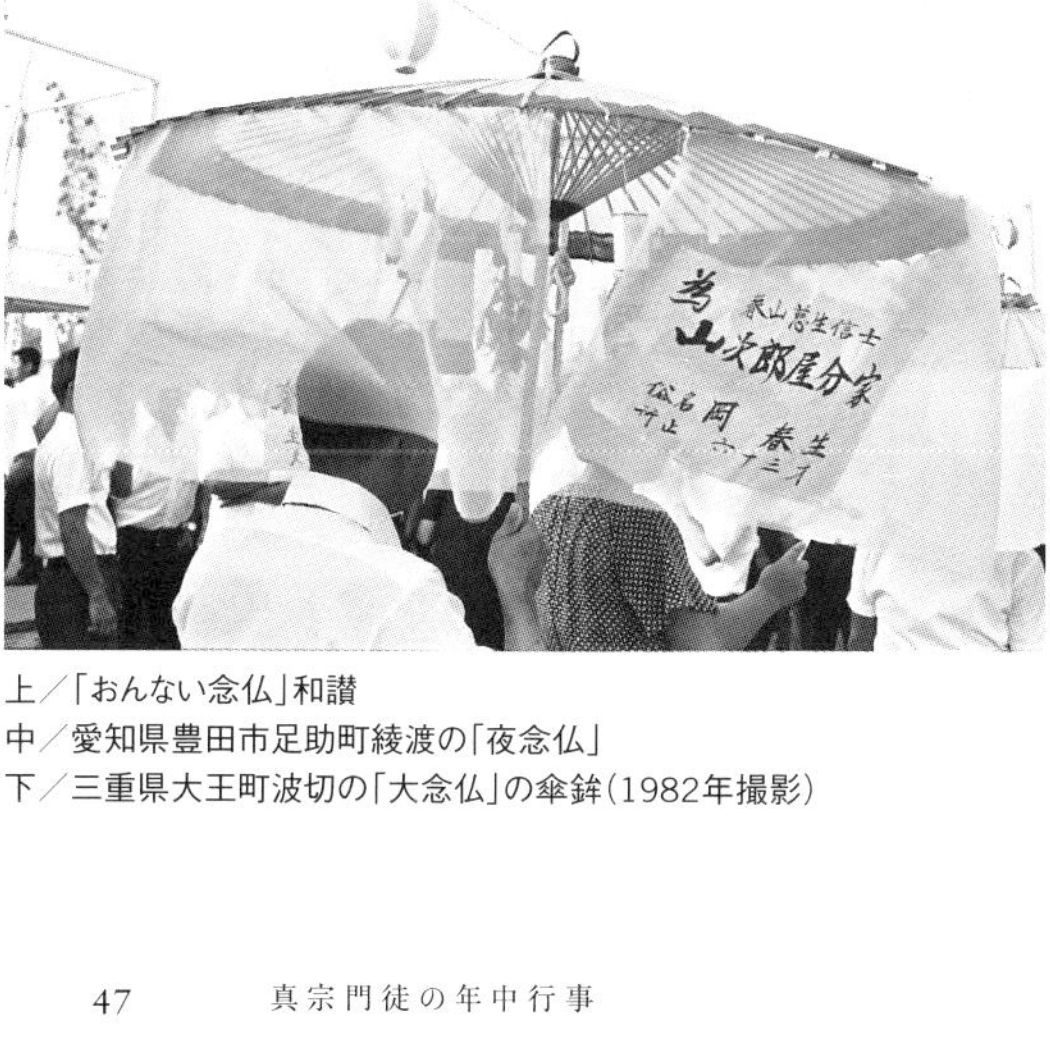

上／「おんない念仏」和讃
中／愛知県豊田市足助町綾渡の「夜念仏」
下／三重県大王町波切の「大念仏」の傘鉾（1982年撮影）

聞名寺の「風の盆」法要

富山県富山市

人の世や　人の世ながら
人の世ながら　オワラ
さりながら
姿なく　声も聞けねど
我は待つ
九月三日は　オワラ
聞名寺《もんみょうじ》にて

越中八尾《えっちゅうやつお》（富山市八尾町）の聞名寺「風の盆」法要で唄われる「おわら」の歌詞である。「南无阿弥陀仏　南无阿弥陀仏　なもあみだ仏　オワラ　阿弥陀仏」もあって、お念仏が民謡のおわらで唄われていた。

毎年9月1日から3日まで、八尾の町でおわら風の盆が行われる。「おわら」とは七、七、七、五の26文字による歌詞を唄うもので、最後の5文字前に必ず「オワラ」が入る。この他、頭に5文字をかぶせて唄うものもあったりする。「風の盆」という名前も魅力的であるが、由来は諸説あって定説はない。

「聞名寺風の盆講中」によるおわら踊り。聞名寺本堂にて

哀愁漂う鼓弓《こきゅう》の音色《ねいろ》と三味線、かかし踊りとも呼ばれる男踊り、浴衣《ゆかた》姿に編み笠を深く被《かぶ》って踊る女踊り、古い町並みを「町流し」して踊る姿……一度は見たいと思っていた。しかし、今回とくに訪れてみたかったのは、9月3日に聞名寺(浄土真宗本願寺派)で行われる「法要」としての風の盆であった。

越中八尾は「坂の町」である。井田川と別荘川に囲まれ、石積みを築いた高台に聞名寺も町もつくられていた。聞名寺は古刹《こさつ》である。

秋風立つ頃、富山県を代表する祭り「風の盆」が行われる。写真は、越中おわら節の哀切感に満ちた旋律にのり、踊り手たちが各町内で踊る「町流し」

上／川に囲まれ坂の多い越中八尾の町、中央奥に聞名寺の甍(いらか)がみえる
下／町も聞名寺も石積みを築いた高台にある

いま詳しくその歴史を述べる余裕はないが、1290（正応3）年、願智坊《がんちぼう》永承が美濃国《みののくに》各務《かがみ》郡《ごおり》平島《へいじま》で本願寺第3代覚如上人《かくにょしょうにん》の弟子となり覚淳と改名、その後、飛騨国武原郷《ひだのくにたけはらごう》落合（下呂市小坂町落合）、同国高原郷吉田（飛騨市神岡町吉田）などを経て越中に入ったのが1468（応仁2）年、現在地に移ったのが1551（天文20）年という。そして洪水にあった八尾村の人々が移住してくると、聞名寺は境内地を開放し、1636（寛永13）年から町が形成された。

大きな御堂に入る。内陣《ないじん》正面に「風の盆先達《せんだつ》位」牌、向かって左脇におわらの指導者であった竹内勉氏の法名《ほうみょう》、その近くに講員物故者と思われる俗名《ぞくみょう》が掲げられていた。風の盆法要では、「聞名寺風の盆講中《こうじゅう》」によるおわらが奉納される。講中は「伝統的なおわらを習いたい」人たちが、1985（昭和60）年春から「越中おわら道場」として活動を始めた。しかし、人は集ったが場所がない。「畳1枚貸して下さい」と聞名寺に申し入れ、1994（平成6）年に聞名寺としての講中が結成されたという。現在、講員は200名ほど、県内を中心に石川・加賀・能登・名古屋・大阪・堺などから、本気で習いたいという人が参加しているとのことであった。

17時、喚鐘《かんしょう》が入る。「風の盆法要をいたします」のアナウンス。静まりかえる中、喚鐘が擦り上げられ、ゆったりとカーン　カーン……そして、カンカン。再び「風の盆法要を勤修します、合掌《がっしょう》礼拝《らいはい》」とアナウンスが入る。ゴ～ンと大鐘も鳴っ

上/本堂内で勤まる「風の盆」法要
左/挨拶する霧野雅麿住職

た。三奉請《さんぶじょう》(大谷派でいう伽陀《かだ》)、表白《ひょうびゃく》と続いた。

美濃・飛騨から寺が移転してきた歴史のあと、「この飛騨地方一帯に広く行われておりました二百十日の墓参の行事、すなわち風の盆という美しい風習をそのままこの地へお伝えさせていただいたことであります」「皆様が愛されました民謡おわらでお念仏を唄い上げ、この御法縁の要《かなめ》といたしたいと存じます。すなわち、このお念仏の唄において、私たちは最初の南無の2字に祖先追慕の真心を示し、続く阿弥陀仏の4つの文字に報恩の誠を表しながら、懐かしい先人諸輩がこの唄を通して、常に私たちに寄り添っていて下さることを温かく感じ、今宵一夜を共に楽しませていただきつつ、やがてお浄土にて再びお会い出来る喜びの支えとして、一日一日を大切に生き抜くことをお誓い申し上げたいと念ずるのであります」と、ご住職の霧野雅麿師が語られた。この表白に聞名寺が伝承している「風の盆」と法要の意味が明確に示されている。17時12分勤行、18時、巻頭に掲げた「追憶の越中おわら」と男踊り・女踊りの奉納(写

聞名寺本堂広縁でのおわら踊り。最後は「アミダブツ」と合掌の所作で終わる

真49頁）、18時5分から講中によるおわら奉納、18時27分法要終了、19時から御堂広縁《ひろえん》でのおわら踊りと続いた。

不思議な光景であった。ご本尊《ほんぞん》の前でおわらを踊っている。編み笠を深く被り顔が見えない。これがよい。手の先、腕の出し方、足の上げ方が洗練されている。最後は「ナモアミダ〜ブツ　オワラ　アァアァ　アミダブツ」で合掌。不思議な光景ではあったが、おかしくない。聞名寺や講中の人たちの、いろんな思いと願いが感じられた。題名は聞き忘れたが、講中が創った歌が心に残った。

何にもないけど　またおいで
ただ一言が　身に染みる
思い出します町並みを
　何かありそな気が騒ぐ
キタサノサー　ヨイヤサノサー
風よ今年も私を乗せて
　越中八尾へ連れてゆけ

本光寺のタカタカマンマ

岐阜県郡上市

タカタカマンマとは「高盛り飯」のことである。岐阜県高山市や郡上《ぐじょう》市あたりでは、報恩講《ほうおんこう》のお斎《とき》にタカタカマンマが出ると聞いていた。機会を見て是非ともお参りさせていただきたいと思っていた。本光寺《ほんこうじ》（真宗大谷派・郡上市寒水《かのみず》）では、10月の第3土・日曜日に報恩講が行われるというので、車で訪れることにした。細雨が降っている。台風も近づいていた。どうなるのか、今日はだいじょうぶだろうか…。東海北陸自動車道で7時45分頃、郡上八幡のインターを出る。雨雲が山裾まで下りてきていた。郡上八幡市街から472号線、明《めい》宝《ほう》大谷から82号線に入る。紅葉にはまだ早い。寒水川に沿って4キロ登ると集落があり、8時20分、本光寺に着いた。

寒水地区は戸数80戸ほど、数戸を除いてみな真宗門徒であるという。村の中は、シモモト（下元）とオクモト（奥元）と呼ばれる2つの地区に分かれている。報恩講は「今日はオクモトの手伝い」、日曜日は「シモモトの手伝い」というように分担し、1軒からおばあさんだけでなく、お嫁さんまでお手伝いに出ている。1週間前の日曜日には全部の門徒が出て、お磨《みが》きや幕張《まくはり》を行ったという。花立衆《はなたてしゅう》という役もあって、若い人が山へ行って芯になる松や樅《もみ》の木を取ってくる。家代々で世襲している楽人衆《がくにんしゅう》もいて、10人の楽人が御満座《ごまんざ》法要で笙《しょう》・篳篥《ひちりき》・笛と太鼓《たいこ》の楽《がく》を担当するという。

お勝手場では、女性たちがあわただしく動き回り、準備の真っ最中であった。タカタカマンマの飯椀は、木地師《きじし》がつくった江戸時代のものを使用している。盛り付ける米の量を聞くと、正式には

高盛りのご飯「タカタカマンマ」のお斎を
前に、顔をほころばせる門徒

勝手場でお米を炊き、「タカタカマンマ」を用意

門徒は家族で食べる分だけの米を持参し、年行司役が受け取る

「3合3勺《しゃく》」という。1升の米を持ってくると、3合升《ます》で量り、3人分の米とする。余分は寺米となる。門徒は家族が食べる分だけの米を、端切《はぎ》れで作ったオブクマイフクロ(御仏供米袋)に入れて持ってくる。ネンギョウジ(年行司)役がこれを受け取り、女性たちが5升炊きの釜で何回かに分けてご飯を炊く。5升で19人から20人分のタカタカマンマができる。土曜日は80人分、日曜日の御《ご》満座《まんざ》は90人から100人分を用意するとのことであった。

タカタカマンマと並んでツギジル(つぎ汁)も珍しいものであった。汁には「甘い汁」と「辛い汁」のツギの2種類がある。特徴的なのは「辛い汁」のツギジルである。「郡上南蛮《ぐじょうなんばん》」という唐辛子《とうがらし》をほどよく焼き、細かくして布袋に入れて煮出す。椎茸《しいたけ》も煮出す。そして醤油と砂糖、細かく賽《さい》の目に切った豆腐を入れて作る。作っているときに一口味見をさせてもらったら、非常にコクのある美味しい汁であった。唐辛子を使いながらも辛《から》すぎず、旨《うま》味《み》がする。椎茸の出汁《だし》をベースに、唐辛子のうま

各家庭から持ち寄られた、天ぷら、酢漬けの赤大根、ササゲ豆のお浸し、固豆腐（かたとうふ）などもお斎に付く

本堂で報恩講のお勤めの後、お斎をいただく

味が出ていた。椎茸の味、その次に唐辛子の味がした。ツギジルは煮込むほどコクが出るという。「甘い汁」はおすまし汁である。この他、各家庭で作って持ち寄った「おかず」として、天ぷら、蓮《れん》根《こん》、酢漬けの赤大根、こんにゃく、ササゲ豆、ヒジキ、ゼンマイ、里芋、固豆《かたとう》腐《ふ》などが用意された。

午前11時、お日中《にっちゅう》の法要が始まった。文類偈《もんるいげ》「西方不可《さいほうふか》思議尊《しぎそん》〜」、念仏和讃《ねんぶつわさん》「生死《しょうじ》の苦海《くかい》ほとりなし〜」……マイクも使わず、読経《どきょう》が静かに流れていく。読経が終わると「御俗姓《ごぞくしょう》」拝読と続いた。いよいよ、タカタカマンマのお斎となる。山盛りのご飯を前にみんなの顔がほころぶ。とても食べられる量ではない。しかし、若院と参勤法中《ほっちゅう》の方が完食された。楽しい、豊かなお斎風景であった。

タカタカマンマは食べきるものなのか、それと

食べきれない分を持ち帰るご門徒も

寒水川に沿って登った先に建つ本光寺

も持ち帰って家族も食べるものなのか。住職に質問すると、「かつては食べきるものであった」「米は尊いもので、この日だけは食べられるぞ」と言われていたが、今では「何でこんなに食べるのか」になってしまった、とのことであった。お参りに来ていた女性（1929年生まれ）に昭和30年代までの食生活について聞いてみる。寒水は炭焼きで生計を立てていて、日常食は麦飯であった。ヒジキ麦といって丸麦を煮て柔らかくして食べ、稗《ひえ》も麦と一緒に炊いて食べたという。お仏飯《ぶっぱん》は米で、小さいオブクサマナベ（御仏供様鍋）で別に炊いた。汁はネギの汁、大根汁、イモの汁で、大根干とササゲ豆を煮て食べたりした。山の物をよく食べていたという。ワラビ、コゴミ、ゼンマイなどの山菜、ビョーブの木の実、カタコ（カタクリの花）、ピーピー草（スズメノテッポウ）の葉も食べた。栗、栃《とち》の実も拾ったという。山鳥やウサギ、イノシシの肉を食べ、マムシも焼いて食べていた。ここまで話を聞いて、初めてタカタカマンマの「尊さ」が少し理解できた。

はるかなる徳山村
——道場《どうじょう》・報恩講《ほうおんこう》・墓

岐阜県揖斐郡旧徳山村

秋は　全金《ぜんやま》　あやにしき《（綾錦）》
お寺のいちょうも　舞い落る
おとりこし《（お取り越し）》から（註1）　冬ごもり
あとの半年しゃ　ねてくらす
こんな住みよい　とこはない
う《（浮）》いて　きえゆく　徳の山

「徳山村のカメラばぁちゃん」であった、増山たづ子さん作詞「四季の歌」の一節である。調査ノートに記録していた。

岐阜県の揖斐川《いびがわ》上流にあった旧徳山村……いまはもうない。岐阜県と福井県の県境にあった山村は、ダムの底に沈んでしまった。真宗門徒の原点はどこにあるのか、本当の報恩講とは何なのか。

30歳初めの頃、漠然とではあったが、こんなことを求めながら一人で歩き回っていた。そこで出《で》遇《あ》った報恩講や道場・墓などを思い出すと、記憶の中で鮮明によみがえってくる。水没のため村人は１９８４年から離村を始め、ちょうどその頃訪れていた。ダムは２００８年10月に完成している。

村のほとんどは真宗門徒であったが、真宗寺院は1か寺もなかった。代わって道場があった。道場は寺院が成立する以前の前姿形態である。櫨《はぜ》原《はら》の道場は間口5間、奥行き6間半、付属施設としてイロリのある炊事場があった。本《ほん》

戸入地区の道場。村人たちが道場を守り、日常の仏事を行っていた

岐阜県徳山ダムの建設によって、旧徳山村の村人は離村していった。村は八地区に分かれ、戸数約460の山間の村だった。写真は戸入地区

尊《ぞん》は阿弥陀如来絵像《あみだにょらいえぞう》、向かって右に十字名号《じゅうじみょうごう》、左に南無阿弥陀仏《なむあみだぶつ》の名号軸が荘厳《しょうごん》されていた。間取りを記録し忘れたが、戸入《とにゅう》の道場も大きく立派であった。本堂裏には「当世歴代　道場坊之碑」があった。「道場坊《どうじょうぼう》」とは半僧半俗の「毛坊主《けぼうず》」(註2)のことである。戸入や櫨原では、専念寺（誠照寺《じょうしょうじ》派・岐阜県本巣市根尾）や西福寺（誠照寺派・福井県鯖江市）の住職が、4月から5月の春廻檀《かいだん》(註3)、9月頃の夏廻檀、11月報恩講の秋廻檀と定期的に入村していた。道場坊はヒトボシ（火燃し）とも呼ばれて、道場を守り、日常の仏事を行っていた。朝夕に道場の鐘《かね》をつき、月3回のお講《こう》にはお経《きょう》を上げていた。朝のお参りは信心深い「後生願い《ごしょうねがい》」といわれる人で、オトッサ（父親）が参るものであったという。故人の命日逮夜《たいや》に仏器《ぶっき》を借りて、翌朝道場へ持っていくと道場坊がお備《そな》えして読経《どきょう》することになっていた。戦前まで、冬期には道場坊が葬式を行っていた。だから「生きとるうちに仏の名をもらっておく」ものだ、と聞いたことを思い出す。

オトリコシ（お取り越し）は一年最後の行事で

1年の最後の行事、「総お取り越し」に参る櫨原地区の人たち。念仏の声があふれた

戸入地区のお斎。お年寄りから子どもまでが共にいただいた

櫨原地区の逮夜のお斎

櫨原地区、専念寺住職と道場坊

あった。櫨原では専念寺の住職が毎年11月5日、西福寺の住職が16日か17日に入村、戸入では11月22日に専念寺の住職が入村していた。住職が到着すると「総お取り越し」といって、檀那寺に関係なく村中が集まり、その日から逮《たい》夜《や》、オヒジ（お非時＝お斎《とき》）、初夜勤行《しょやごんぎょう》、『御伝鈔《ごでんしょう》』拝読と法要が始まった。二昼夜三日間勤められた。以後、今度は各家のオトリコシが行われ、年忌法要も併せて執行されていた。一番楽しかったのは、大根汁のオヒジである。戸入の大根汁は村中から大根・カブラ・味噌・トウガラシを集め、櫨原でもミソオツユ（味噌おつゆ）といって大根・こぶ・椎茸・ニンジン・ゼンマイ・里芋などが煮炊きされた。生しぼりの徳山豆腐を甘辛く煮たもの、ぜんざいもあった。老人・若者・孫・曽孫が一緒になって和気あいあい、こんなお斎の風景はどこにもなかった。初夜勤行後の『御伝鈔』拝読は

櫨原地区、『御伝鈔』拝読

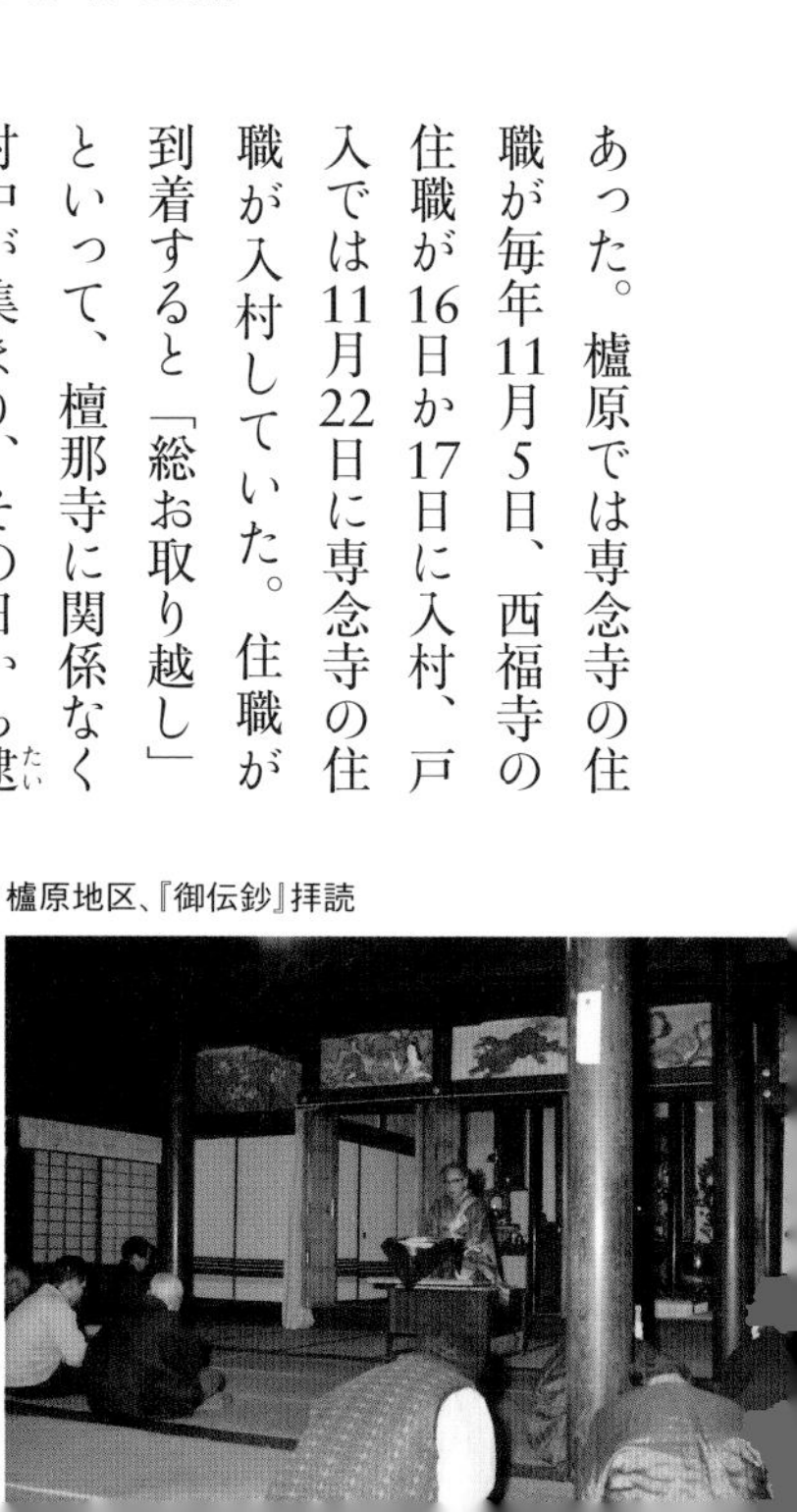

門入地区は土葬で、村の入り口に埋葬して、その上に川原石が置かれていた

夜の9時頃となり、参詣も少なくなった。底冷えする寒気のなか、住職が朗々《ろうろう》と夜10時過ぎまで拝読していた姿も忘れられない。

徳山村の墓も印象深い。一番山奥にあった門《かど》入《にゅう》の墓地を見たとき、「これこそが真宗門徒の墓だ」と思った。また、戸入には墓というものが無かった。「死ぬと松の木にいくでな」と言われ、一部拾骨した以外の遺骨は火葬場近くにあった一本松の元に寄せて放置されていた。真宗門徒にみられた特徴的な無墓制である。

ダムに沈んだ真宗門徒の村が多い。岐阜県白川村の御母衣《みほろ》ダム（1961年完成）、福井県大野市の九頭竜《くずりゅう》ダム（1968年完成）、石川県白山市の手取川ダム（1979年完成）……。電力開発や経済成長、豊かさや便利さと引き換えに、私たちは何を失ったのであろうか。

（註1）お取り越し……報恩講のこと。
（註2）毛坊主……寺のない村などで、僧に代わって経を読み葬式などを行う半僧半俗の者のこと。
（註3）廻檀……遠方にいる地域の門徒を、住職が時季をみて定期的に廻ってお参りすること。

尾張《おわり》門徒の報恩講《ほうおんこう》と御遠忌《ごえんき》

名古屋市・北名古屋市 他

古い写真に真宗門徒の民俗を探ってみよう。ずいぶんと前、門徒の方から話を聞いていたとき、「ゴエンキをした」と話していただいた。そのとき、「え、御遠忌《ごえんき》ですか、皆さんがされたんですか」と聞き直した。現代、報恩講《ほうおんこう》や御遠忌は寺院や別院・御本山《ごほんざん》が厳修《ごんしゅう》するものと多くの人が思っている。各地の真宗門徒が講組《こうぐみ》単位で、特色ある報恩講を行ってきたことは調査していたが、御遠忌まで勤めていたとはそのときは知らなかった。

左頁の写真は、長善寺《ちょうぜんじ》（真宗大谷派・名古屋市西区上小田井《かみおたい》）の「北の切同行《きりどうぎょう》」が行っていたホンコサマ（報恩講様）である。1950年から55年頃のものであろう。地区の中に行政組織とは別に、昔からの北の切・中の切・西の切・五郎庄・大四分市《おおしぶち》という村組《むらぐみ》が残っている。この村組ごとにドウギョウ（同行）と呼ばれる門徒の講があって、戸数4〜20戸ほどで形成されている。

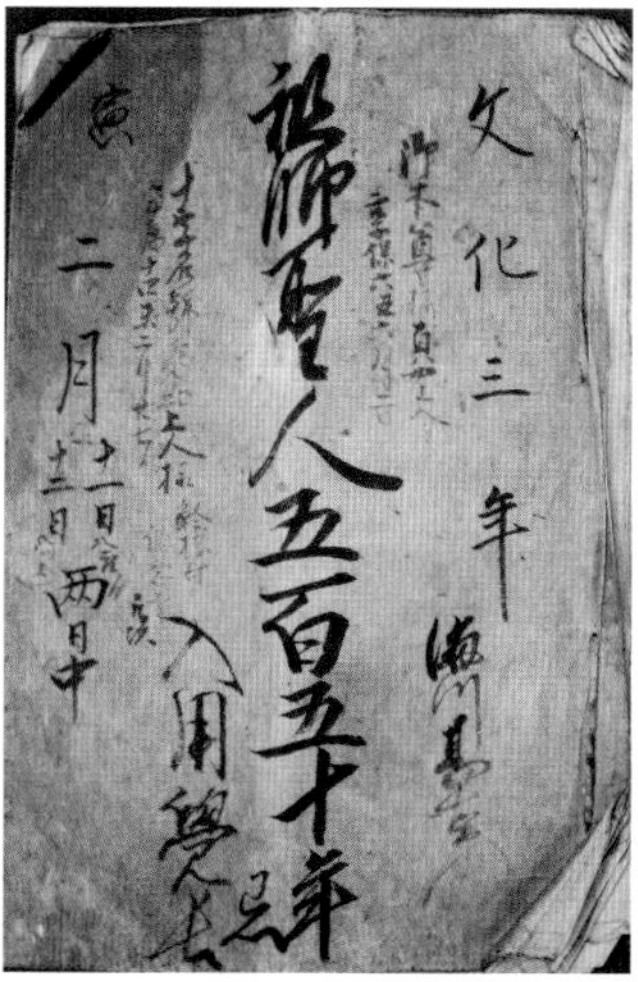

北名古屋市西之保犬井に残る『祖師聖人五百五十年忌入用覚長（帳）』

「北の切同行」は20戸の中心的な講であった。写真をみると、お内仏《ないぶつ》に打敷《うちしき》が掛けられ花も立派、着物姿で五合徳利《ごごうとっくり》を持っているのが宿元《やどもと》の坂尾治三郎氏、前にはお寿司やイモの煮っ転がし等々のご馳走《ちそう》、右手前に押し寿司がある。床の間には

名古屋市の上小田井「北の切同行」が行っていたホンコサマ

親鸞聖人《しんらんしょうにん》が関東にいた頃、一夜の宿をお願いしたが断られてしまい、雪の降るなか門前で「石を枕に寝た」という枕石寺《ちんせきじ》縁起の軸が掛けられていた。毎年11月に長善寺の報恩講が終わると、今度は講組同行のホンコサマが始まった。毎夜、同行1軒ずつの家を回って行い、暦《こよみ》を調べて旧暦11月28日に開催したオオタイヤ(大逮夜)が最後の宿であった。写真は、ホンコサマのお勤めが済んだ後のお斎《とき》の光景であった。なんといい顔をしていて楽しそうなことか…。もちろん、写っている人たちは、すでにもう故人となっている。

66〜68頁の写真は、1948(昭和23)年頃に上小田井「北の切同行」が行った蓮如上人《れんにょしょうにん》四百五十回忌の御遠忌である。場所はもちろん門徒の家、床の間に寺からお移しした上人の御絵像を掛け、花は松一式《まついっしき》で打敷《うちしき》を掛け、寄進された餅が山盛りにされた。林檎《りんご》も備《そな》えられている。画像が傷んでいるが、写真を見ると当時の熱気が伝わってくる。

上小田井のすぐ近くにある中小田井《なかおたい》の「北組同行」には、「見真大師《けんしんだいし》(註)七百回忌大遠忌」の記録があっ

名古屋市の上小田井「北の切同行」が行った蓮如上人四百五十回忌の御遠忌。宿元に群参した門徒

た(69頁上)。写真は残っていなかったが、1935(昭和10)年4月16・17日に宿元の家で行っている。「北組同行」はわずか8軒で構成された講組だった。3月18日から4月15日までお勤めの稽《けい》古《こ》、前日15日には餅白米1斗5升ずつ持ち寄って、施し用の1合餅1200個余をつくっている。当日16日は初逮夜《しょたいや》を午後2時から、続いて説教、17日は午前5時半から晨朝《じんじょう》、午前8時半から御日中《おにっちゅう》、続いて説教があった。法蔵寺・西方寺・

蓮如上人の絵像を掛け立派に荘厳

北の切同行

長善寺・道仁寺、他宗の村寺である東雲寺・願王寺も出席した。「両日とも参詣者非常に多数盛大に行はれ、特に説教は植田先生御得意の能弁をふるはれ、一同満足し喜びのあまり感泣《かんきゅう》す」と記されている。

北名古屋市西之保《にしのほ》犬井《いぬい》には、『祖師聖人五百五十年忌入用覚長（帳）』という記録が残されていた（64頁）。「海川甚右衛門《かいかわじんえもん》」という一門徒が、1806（文化3）年2月11日から12日まで自宅で御遠忌を勤めている。「二月十一日八つ頃」より「十二日八つ迄《まで》」とあり、現在の時刻でいうと11日午後2時頃から12日午後2時頃までの一昼夜であった。11日午後から「御待夜《おたいや》（逮夜）」、夜には「初夜《しょや》」勤行、12日には「御朝時（オアサジ・晨朝）」・「御満座《ごまんざ》」、続いて「御さらゑ」が行われた。沖村（現、北名古屋市）の松林寺住職をはじめ近隣の入明寺・林證寺・徳円寺住職を招き、海東郡鯰橋《なまずばし》村（現、あま市七宝町）の徳念寺・神守《かもり》村（現、津島市）の養源寺・東川村信入寺の住職が「御勧化《ごかんげ》」（説教）を行っている。もちろん同行の門徒も「声引」（助音《じょいん》）に付

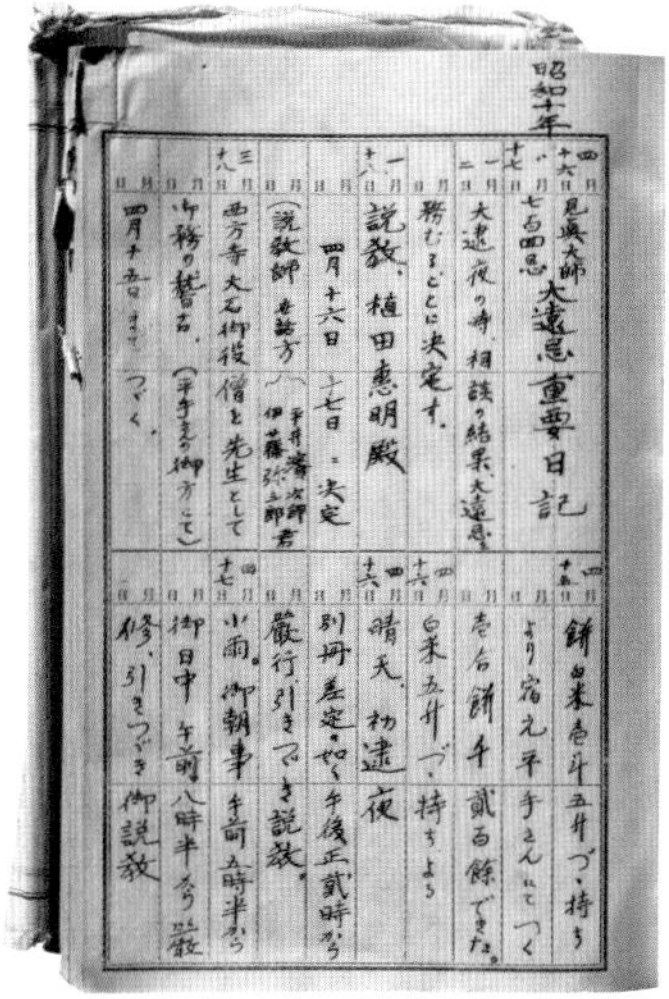

昭和十年
見真大師七百回忌大遠忌重要日記
大逮夜の時、相談の結果、大遠忌を務むることに決定す。
説教、植田恵明殿
四月十六日・十七日・決定
（説教師 西方寺大乙御役僧を先生として
御稽古。
四月十五日までつゞく
餅白米壱斗五升づゝ持ちより宿元平手さんにてつく
壱台餅千弐百餅できた。
白米五升づゝ持ちよう
晴天、初逮夜
別冊予定の如く午後正弐時から厳行、引きつゞき説教。
小雨。御朝事 午前五時半から
御日中 午前八時半から厳修、引きつゞき御説教

名古屋市・中小田井の「北組同行」に残る「見真大師七百回忌大遠忌」の記録

上小田井における日常。野良着姿（上）と親子（下）

いた。11日は朝から雨天であったが、晩からは快晴になったというので、12日は好天であったようである。参詣者のために、自宅の庭に九尺ほどかき出して参詣席を増やしている。また、12日午後の御満座御経《おきょう》が終わると握り飯を参詣者に振舞った。寺方へ御礼として銀10匁《もんめ》ずつ出し、これとは別に徳念寺へ金1両、檀那寺松林寺へ米1俵・銀10匁、前卓《まえじょく》用の打敷1つが出されている。

最後に左の写真を見てみよう。昭和30年代の上小田井における野良着と親子の姿である。こうした日常の生活があって、報恩講や御遠忌があった。写真をみると、今の私たちの仕事や家族関係がまったく変化してしまったことを知らされる。現代の報恩講や御遠忌は、「生活」から離れてしまったのではないか、と思う。

（註）「見真」とは親鸞聖人の大師号。

三条別院「お取り越し報恩講《ほうおんこう》」

新潟県三条市

あれは記憶違いであったのか。

1991年11月に真宗大谷派三条別院を訪れたことがある。ちょうど報恩講の時期であった。新潟県内の蓮如上人絵伝《れんにょしょうにんえでん》をいくつか調査してきて、薄暗くなった頃、ようやく北三条駅に着いた。宿はどこかと歩き出すと、昔ながらの八百屋さんの店先、裸電球の下に菊の花が並んでいた。「あっ食用菊だ」と思ったことを覚えている。あの光景は美しかった。菊を食べるところがあることは知っていたが、食べたことはなかった。

真宗大谷派三条別院

2017年11月6日、三条別院の報恩講を訪れた。「まだ、あの八百屋さんはあるのか」と探したが見当たらない。駅員さんに聞いてもわからない。26年前に泊まった越前屋《えちぜんや》ホテルはあった。別院西側の塀沿いに並んでいた植木市もない。ホームセンターができてから、植木市の露店が並ぶ姿もなくなったという。

毎年11月5日から8日まで、三条別院の「お取

報恩講にあわせて11月5日から6日までの間、三条別院前の本寺小路に毎年幾つもの露店が並ぶ。昔は多くの人で賑わっていたという

り越し報恩講」が執行される。わざわざ「お取り越し」と銘打っていることに、「ゆかしさ」を感じた。6日11時前、お御堂《みどう》に到着すると初日中《しょにっちゅう》法要の最中であった。ストーブが入っている。参詣人は堂内半分程か。二重の念仏讃《ねんぶつさん》になって、急に力強い念仏となった。内陣《ないじん》もきれいになって、光り輝いている。心地よい声明《しょうみょう》の響き、楽《がく》の音、ゆったりと受けとめる18間4面の空間がある。今回、とくに見てみたかったのは報恩講のお斎《とき》と、夜に行われる「シアター サンジョーゴボー 劇団☆ASK」（主催・三条別院報恩講実行委員会）の公演であった。出し物は芥川龍之介の『河童《かっぱ》』、脚本は保坂正人氏とある。7・8日には名和正真氏（愛知県・久證寺）による絵解き法話も行われるとあった。

12時過ぎお斎になった。献立はノッペ汁が里イモ・ニンジン・椎茸、ツキコン、天ぷらがカボ

2017年三条別院の「お取り越し報恩講」を伝える駒札（三条別院書道教室の木原光威先生の書）。「お取り越し」とは、親鸞聖人の御祥月命日に本山（東本願寺）で勤められる報恩講（11月21～28日）と重ならないように、繰り上げて行うことをさす

チャ・ししとう・かき揚げ、オヒラ（お平）は大根・玉コンニャク・がんもどき・椎茸・ニンジン・車麩《くるまぶ》・絹サヤの煮物。車麩は三条名物である。味が染みて美味しい、大根も味が深く染みこんでいた。食用菊（かきのもと）の酢の物もあった。菊は花弁にばらして熱湯にさっとくぐらせる。熱湯の中に酢を入れると色が鮮やかに出るのだという。そして砂糖に酢・醤油をボールに入

報恩講のお斎（上）。手前、紫色の食用菊の酢の物のほか、辛いなんばん味噌も名物（下）

2018年からはお土産用に「ごぼさまのからみそ」として販売している

れて菊と馴染《なじ》ませる。シャキシャキして食感がよい。お斎は5日が380食、6日は300食、7日・8日はそれぞれ360食あまり用意するとのことであった。どのようにしてお斎を作っているのか、ご門徒の山田恵美子氏にお話を聞くと、2014年に断絶しそうになったという。それまで職員の方が中心になって作っていたが退職され、ボランティアで手伝っていた人たちからは、「作れない」「献立を替えようか」などの声が出た。しかし、「大事なものは伝えなきゃ、何ができないんですか」「やってきた者にとっては当たり前、やろうよ」となり、「別院のお斎が消えそうです」と訴えながら各寺院で勝手方をしている女性に参加を求めたという。そして、「美味しい」と伝えられてきた、醤油と砂糖のみの味付けも伝承された。いま10〜13名の人で交替しつつ作っている。

お斎を楽しみに参拝される方も多い

伝承の味は地域の方で引き継がれている

19時30分にはじまった公演「河童」は、なかなか難しい劇であった。そもそも芥川の原作が難解である。暗くなった御堂内に、突如として仮面を付けた白タイツ姿が現れた。河童である。河童の世界に迷い込んだヤナガワ（柳川）さんという人間が、河童たちと問答を繰り返して行く。河童の世界では、人間が真面目に思うことを可笑しがる、人間の可笑しがることを真面目に思う、という逆転の価値観や論理になっている。河童の医者・チャックに産児制限の話をすると、笑い出したので詰問《きつもん》する。河童は「両親の都合ばかり考えているのは可笑しいですからね。どうも餘《あま》り手前勝《てまえかつ》

夜には本堂で「シアター サンジョーゴボー 劇団☆ASK」の公演が開かれ、芥川龍之助の『河童』をもとに仮面を付けた白いタイツ姿の河童役らが登場。報恩講での新しい試みのひとつ

手《て》ですからね」と言う。カワウソとの戦争、資本家、検閲、死刑や自殺、罪と法律、宗教、遺伝等々の社会問題が風刺《ふうし》的に批判されていく。人間界の虚偽《きょぎ》をさらけ出し、真実がひっくり返されている。終わりの場面に特別な「年寄りの河童」が登場した。生まれたときは白髪頭《しらがあたま》で、だんだん年をとると若くなり、今はこんな子どもになったという。そして「わたしは若いときは年寄りだったし、年をとったときは若いものになっている。従って年寄りのように欲にも渇《かわ》かず、若いもののように色にも溺《おぼ》れない」と語った。1時間余りの不思議な世界の公演であった。

　三条別院（掛所）は東本願寺16代一如上人《いちにょしょうにん》を開基として、1690（元禄3）年に成立している。以来、近世から明治・大正・昭和にかけて地域と共に歩んできた。刃物・洋食器・金物の町として発展してきた経済的な基盤もあった。参詣者は群参し、別院参道の「本寺小路《ほんじこうじ》」は人で溢《あふ》れるほどであったという。しかし、現代という社会状況の中で、人々の生活様式は一変し、経済構造も大きく変わってしまった。「三条別院報恩講実行委員会」の若手メンバーは地域の商店街とともに、「新しい別院と報恩講」の再生に苦闘しているようであった。お斎を伝承しつつ、「河童」の公演を行ったのも一つの試みであったろう。『御伝鈔《ごでんしょう》』（下巻）の拝読も、初めての試みで女性の永寶晴香《ながとみはるか》氏（柏崎市・浄敬寺）であった。伝統の読法作法を守りつつ、身体《からだ》全体で思いっきり声を張り上げた。聴衆は内容が分からなくても声に魅了され、声を聞き、まぎれもなく「語り」であった。

親鸞の行実を伝える『御伝鈔』の拝読

本堂に声明と楽の音が響き渡った

灯明《とうみょう》と荘厳《しょうごん》

真宗本廟（東本願寺）他

光明遍《あまね》く
　十方世界を照らす。
念仏の衆生《しゅじょう》を摂取《せっしゅ》して
　捨てたまわず。

（東本願寺出版『真宗聖典』105頁）

　暮れから正月にかけて「火を継《つ》ぐ」、あるいは「新しい火を鑽《き》りだす」民俗がある。新年を迎えるにあたって、囲炉裏《いろり》の火が消えないように注意したり、火打ち石などで新しい火を生み出す行事である。新しい年への「時間の更新」であった。仏教にも「法灯《ほうとう》」を継ぐといって、こうした意味の儀礼が宗派ごとに行われている。しかし、大谷派の儀礼観は少し違っていた。

　現在の東本願寺には、後火番《こうかばん》と呼ばれる人が5名いる。一人が毎日宿直して、朝の3時から4時に起床、参勤してくるもう一人の方と2人で灯《とう》明《みょう》など荘厳《しょうごん》のための準備をする。御堂の後ろにある後堂《ごうどう》に「常夜灯《じょうやとう》」という灯籠があって、灯明の火が点灯される。常夜灯の中は、大きな油皿に先端が束ねられた七筋の灯芯があり、後火番が蝋燭《ろうそく》で火を点《とも》す。以前は火打ち石であったともいう。常夜灯に点された火は、参衆《さんしゅう》（僧侶）によって紙に蝋《ろう》をしみこませた紙燭《ししょく》に移され、阿弥陀堂から御影堂の内陣に点灯されていく。内陣の点灯にも順番がある。ご本尊《ほんぞん》から見て左側の輪灯《りんとう》から点し始め、北余間《よま》の菊灯、南余間の菊灯へと点していくという。その後、堂衆《どうしゅう》の検分（検査）と御扉開《みとかい》と呼ばれる御真影《ごしんねい》・お厨子《ずし》の御開扉《ごかいひ》があり、燃香《ねんこう》、喚《かん》鐘《しょう》が打たれて7時からの晨朝勤行《じんじょうごんぎょう》となる。常夜灯

六角形の灯籠「常夜灯」と火の番をする後火番。真宗本廟(東本願寺)御影堂の後堂にて

上／参衆によって火は紙燭に移され、阿弥陀堂から御影堂の内陣に点灯されていく
左／常夜灯に火が点されると1日が始まる

の火は、日中は点されているが、夕方には消される。

西本願寺にも「常灯明」がある。阿弥陀堂と御影堂の裏廊下に金灯籠があり、1年365日、24時間点され続けている。この火は歴代宗主から受け継がれた火（法灯）で、すべての灯明の原点であるという。こうした不滅の火は全国各地にある。比《ひ》叡山延暦寺根本中堂《えいざんえんりゃくじこんぽんちゅうどう》に「不滅の法灯」、高野山奥の院に「不滅の聖灯（祈親灯）」、善光寺に「不滅の常灯明」、東北の中尊寺や立石寺《りっしゃくじ》に「不滅の法灯」……。

岐阜県郡上市気良《けら》地区の門徒・千葉家では、500年にわたって囲炉裏の火を絶やさず、お内仏《ないぶつ》（仏壇）とともに守り続けられている。

火・灯明とは何か。時宗《じしゅう》総本山・清浄光寺《しょうじょうこうじ》（遊《ゆ》行寺《ぎょうじ》・神奈川県藤沢市）の「歳末別時念仏会《さいまつべつじねんぶつえ》」にお参りしたことがあった。もとは12月の歳末行事であったが、今では毎年11月24日から30日（七日七夜）まで、日を限って執行される別時の念仏会

時宗総本山・清浄光寺（神奈川県藤沢市）の「歳末別時念仏会」。十二光仏を表す灯台の灯明に照らされ、時宗の念仏声明が響き流れる

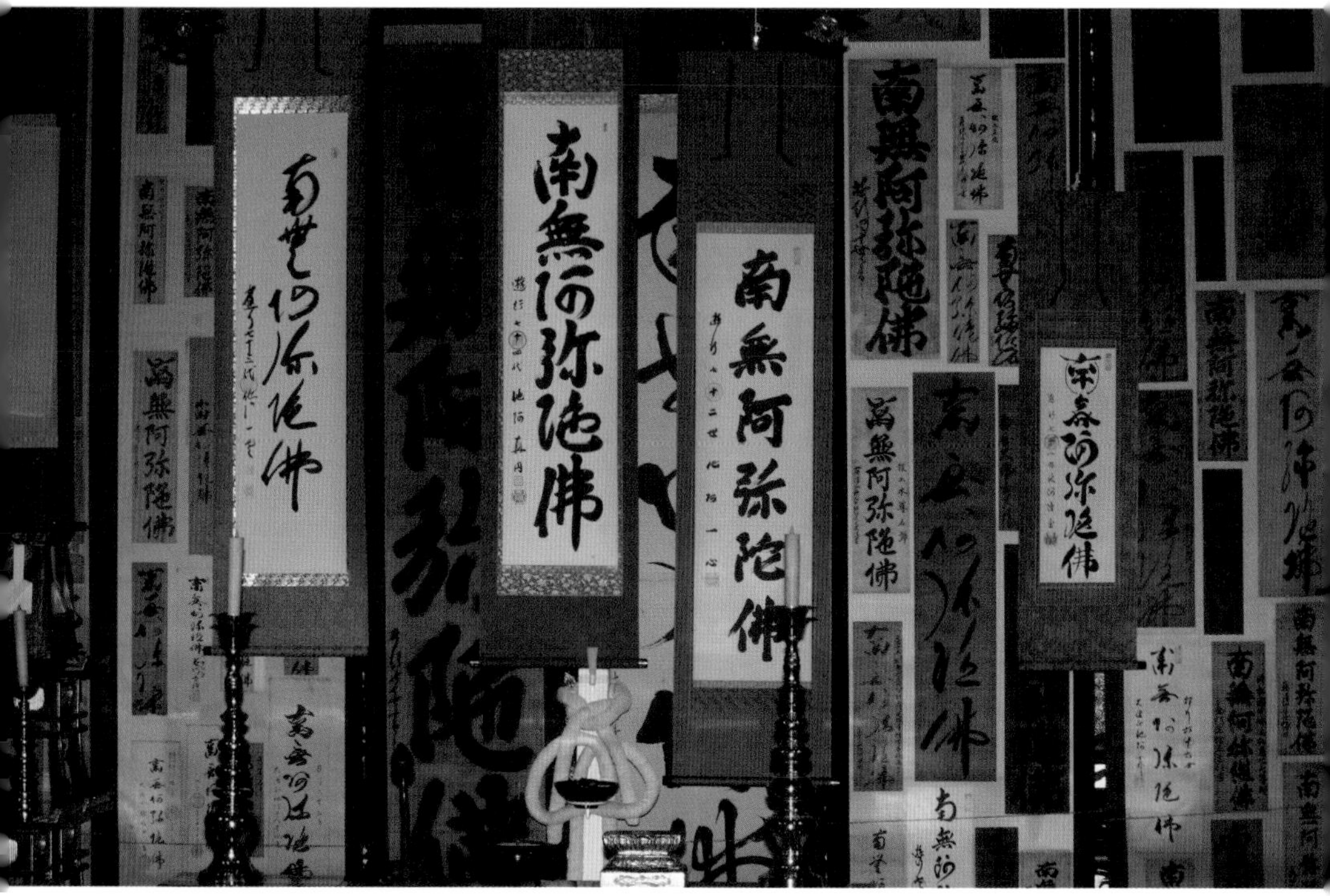

歴代遊行上人の名号の前にある「報土大光灯」（時宗會総本山・清浄光寺の「歳末別時念仏会」）

釈尊の光明を表す「後灯」と長押の釈尊絵像（写真左上）

である。１２９９（正安元）年成立の『一遍聖絵《いっぺんひじりえ》』には、すでに見えている。現在、11月27日夜だけ公開されていて、行事前段は報土《ほうど》入り（浄土入り）、後段は「御滅灯《おめつとう》」（別名「一つ火」）行事として知られる。訪れたとき、念仏会の「道場」となる堂内の荘《しょう》厳《ごん》に驚いた。見たこともない形の灯台が12基あり、十二光仏《じゅうにこうぶつ》を表しているという。内陣正面には本尊である南無阿弥陀仏の名号《みょうごう》、その前に阿弥陀の光明にたとえられる「報土大光灯」があった。外陣背後の長押《なげし》には釈尊《しゃくそん》の絵像を掛け、その前に釈尊の光明を表す「後灯《ごとう》」、大きな八角籠形の灯籠が設えられていた。善導大師の二河白道《にがびゃくどう》を示す荘厳の構成である。前段の行事が終わり、いよいよ御滅灯となる。堂内が一瞬明るくなったかと思うと、一挙にバッと全ての灯りが消され、真っ暗闇

門徒宅のお内仏(仏壇)。油皿に灯芯で火を点じていた

になった。シーンとした静寂と暗闇の不安、自分の姿は見えないが意識だけがある。5分、10分……。何分たっただろうか。そして、火打ち石と鉄片を打ちあわせて火花が飛び、「一つ火」が起こされた。その間、念仏がとなえられ次第に大きな合唱になる。時宗の念仏声明《しょうみょう》は、抑揚があり、柔らかで美しい。新しい火が生み出され、暗闇から光明の世界になった。静かな感動を覚えた一瞬であった。

真宗には御滅灯のような行事はない。東本願寺の荘厳は、阿弥陀仏の「功徳成就《くどくじょうじゅ》」の世界を表すもので、本来、仏に備わっているものを衆生《しゅじょう》である私たちが見せていただく。灯明も仏のものである。灯明は、阿弥陀如来《にょらい》の「はたらき」を表すが、如来そのものではないという。したがって、火・灯明に特別な宗教的意味を見いださない。

お内仏の灯明は、ほとんど電気になってしまった。しかし、多くの門徒はお参りするとき、お内仏前の卓台《しょくだい》などで1本の蝋燭を点している。電灯とは違う自然の光でないと、満たされない心があるのだろう。

II

真宗と現代葬儀

「往相門《おうそうもん》」の葬儀

愛知県碧南市 他

現代の葬儀は混乱している。真宗門徒としての私は、どこから生まれ、どう生き、そして死んでいくのか。死ぬことは分かっている。しかし死とは何かは分からない。生きていると思っている。しかし、生きるとはどういうことか分からない。このように語った人がいた。

長い間探していた1枚の写真が見つかった。愛知県碧南《へきなん》市の専興寺《せんこうじ》（真宗大谷派）境内《けいだい》で行われた葬儀風景である。寺族の葬儀であろう。1930（昭和5）年5月に撮影されたものである。境内に設けられた白木造りの火屋《ひや》と荘厳《しょうごん》（飾りつけ）。火屋というのは死者を火葬する建物のことであ

境内に設けられた火屋と葬儀風景（専興寺蔵・愛知県碧南市）

る。写真の境内火屋で実際に火葬するわけではない。もともとは火葬場に造られていた。自宅葬儀であった時代、お内仏《ないぶつ》で棺前(出棺)勤行《ごんぎょう》、葬列、村の火葬場と移動し、この火屋の前で葬場《そうじょう》勤行が行われたものであった。葬場勤行こそが、現在、葬儀会館で行われている「葬儀」のことである。写真をよく見ると、火屋の中に棺を安置、前面に野卓《のじょく》という机に鶴亀《つるかめ》の燭台《しょくだい》とシカバナ・根菓餅《こんかぺい》の荘厳、四本柱の上部には白幕が張り巡らされ、「往《おう》相《そう》門」と書かれた額がある。野卓の前には、四方に提灯《ちょうちん》、左右の樒塔《しきみとう》、造花の花輪、手前に莫蓙《ござ》が敷かれている。写真下部の傘は導師などの僧侶が

葬場の火屋。浄土真宗本願寺派(浄照寺蔵・滋賀県高島市)1619年の記録より

着座、喪主は火屋の左方にいて白の裃《かみしも》姿、頭には白い布（被り物）を着けている。親族も白の裃姿であった。喪主の右手には葬儀委員長らしき人がいる。もしくは司会者で、焼香《しょうこう》者を読み上げているようにもみえる。一般参列者は、紋付き袴姿、着物姿、子どもも普段の着物である。同じ碧南市の蓮成寺（真宗大谷派）にも、同様な写真があった。また、岡崎市妙恩寺（真宗大谷派）には「往相門」の額そのものが残されていた（写真88頁右下）。

現代の葬儀とは、あまりに異なった光景。注目すべきは火屋の「往相門」である。反対側には「還《げん》相《そう》門」が掲げられていたかもしれないが不明。禅宗などの葬儀を調べると、火屋には４つの門があった。発心《ほっしん》門（東）・菩提《ぼだい》門（西）・修行門（南）・涅槃《ねはん》門（北）といって、棺がこの四門を巡る儀礼が行われていた。火屋の歴史を見ると、真宗では蓮如上人や実如《じつにょ》上人の葬送に登場しており、本善寺（浄土真宗本願寺派・奈良県吉野郡）の『親鸞聖人絵伝』（１５１４年）には、写真と同じような火屋が描かれている。「往相門」の額はない。

火屋と葬儀風景（蓮成寺蔵・愛知県碧南市）1939年撮影

火屋「親鸞絵伝」部分（本善寺蔵・奈良県吉野郡）

妙恩寺蔵・愛知県岡崎市

　現代の葬儀は大きく変わってしまった。しかし、多くの葬儀会館の成立は平成になってからであり、たかだか30年に過ぎない。現代葬儀は、自宅などで行われていた葬儀とはまったく違うと言ってよい。具体例をあげれば、「葬儀の色」が変化した。以前、葬儀の部屋は白幕で張られ、葬儀壇は白木《しらき》造り、真宗では本来使用しないが白木の位牌、白の菊、喪主も白の喪服というように、葬儀は「白」のイメージであった。いまは「花祭壇」である。ありとあらゆる色花で装飾されている。

　葬儀はなぜ「白」であったのか。いまでも真宗大谷派では寺族の葬儀になると住職が鈍色《にびいろ》（墨染めの灰色・鼠色）の衣を着るが、平安時代以降、黒・鈍色・白は喪服の色であったからである（増田美子編『日本衣服史』吉川弘文館・2010年)。花祭壇の登場は、こうした葬儀の色の歴史と意味を完全に変えてしまった。「葬儀の花」も変化している。葬儀の花といえば、シカバナ(死華花)と樒を意味していた。シカバナは釈尊入滅時、近くに生えていた沙羅双樹《さらそうじゅ》の花が一斉に散ったという故事による。竹串などに小さな白い紙を付けたものであるが、近年では飾られなくなってきている。樒は葬送の儀式において重要な意味をもっていた。「死」が確認されると遺骸の枕飾りに生けられ、お内仏の花瓶《かひん》は生花から樒に代えられる。葬儀には通常の花を使うものでないという意識があり、樒は「仏の花」であった。本願寺第9代実如上人の葬儀を記録した『実如上人闍維《じゃい》中陰録』にも、御往生直後の枕飾りに「花ハ樒ナリ」とある。葬所から帰って御堂での勤行が終わった後、御亭《おちん》での荘厳に「花足《けそく》十二合。鍮石《しんちゅう》ノ三具《みつぐ》足《そく》。花ハ樒也。御寿像ノウラニ。拾骨ヲオカル」とあるから、花は樒であった。現代の葬儀では、シカバナも樒も忘れ去られて意味を失っている。

少子高齢化、介護問題、家族の崩壊、終活、そして商品化された葬儀……。現代の葬儀は仏教の儀礼、真宗門徒の葬送儀礼と言えるのだろうか。「死生観なき葬儀」と批判しても始まらない。往《ゆ》くべき世界、帰すべき世界、死とは何か、葬儀とは何かを明らかにしているのが「往相門」の葬儀ではなかろうか。

東京の花祭壇

野袈裟《のげさ》——真宗門徒の葬送儀礼

三重県鈴鹿市・津市 他

其仏本願力《ごぶつほんがんりき》　聞名欲往生《もんみょうよくおうじょう》
皆悉到彼国《かいしつとうひこく》　自致不退転《じちふたいてん》

その仏の本願の力、名《みな》を聞きて往生せんと欲《ねが》えば、みなことごとくかの国に到《いた》りて、自《おの》ずから不退転に致《いた》る

『仏説無量寿経』（東本願寺出版『真宗聖典』49頁）

真宗の葬送儀礼の中で、高田派門徒の「野袈裟《のげさ》」は特徴的な民俗である。野袈裟と聞いても、多くの真宗関係者には何のことか分からないかもしれない。いまなお、実際に生きている民俗である。

三重県鈴鹿市三日市町《みっかいちちょう》の壽福院（真宗高田派）で野袈裟を見せていただいたとき、びっくりした。縦１６１㎝×横１２６㎝という大きさ、真ん中に「南無阿弥陀仏」、左右に「其仏本願力　聞名欲往生　皆悉到彼国　自致不退転」の偈文《げもん》、「鈴鹿市三日市同行」「鸞猷書《らんゆう》」「昭和五十七年四月二十日」と墨書されている（写真左頁上）。手にすると、羽二重《はぶたえ》布地の柔らかさが気持ちよかった。以前は白い麻布であったという。野袈裟は棺《ひつぎ》を覆うものである。三日市近辺では、いまでもごく普通に行われている。野袈裟の生地を仏具屋に依頼して高田派本山に持って行くと、御法主《ごほっしゅ》に揮毫《きごう》していただけるとのことであった。「野仏《のぶつ》」と呼ばれる阿弥陀如来の絵像（32・5㎝×15・8㎝、絹本着色）もあり、裏書に「方便法身尊像　専修寺圓禧　弘化二（１８４５）年四月□五日」「三日市同行」とあった（写真左頁下）。野袈裟と野仏は、如来寺・太子寺

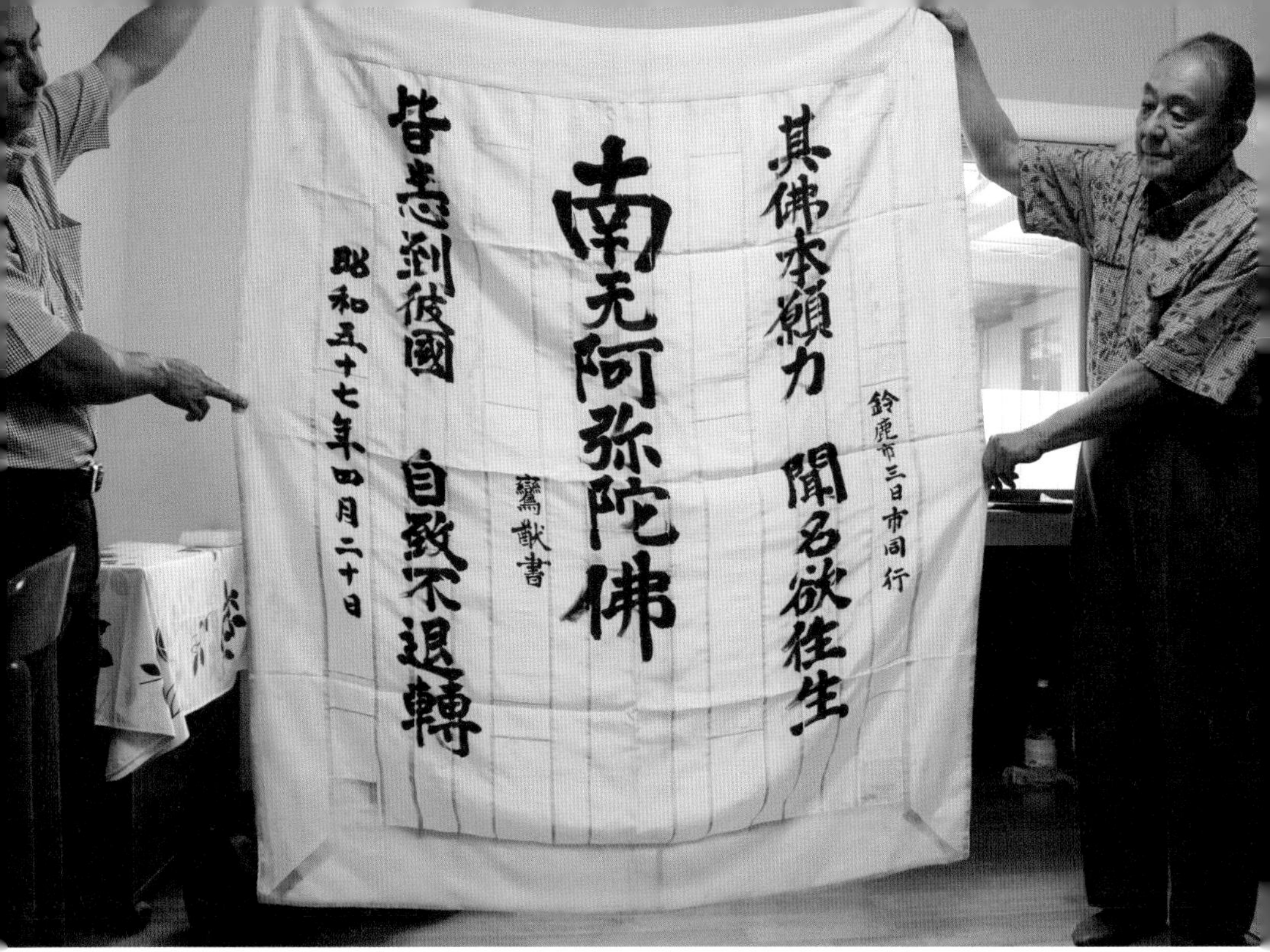
其佛本願力　聞名欲往生
鈴鹿市三日市同行
南无阿弥陀佛
鸞獻書
皆悉到彼國　自致不退轉
昭和五十七年四月二十日

野袈裟・三重県鈴鹿市の真宗高田派三日市同行

三日市同行

野仏（右は裏書）

（真宗高田派本山の兼帯所）の境内にある良珠院・常超院・壽福院・摂取院の4か寺が輪番で保管している。葬儀になると喪主の親戚やクミオヤ（組親）が年番の寺へ借りに行く。他地区ではナカマ（同行）が持っていて保管しているともいう。

　三日市でみた野袈裟は、新しい現代のものであったが、三重県津市の彰見寺の野袈裟（縦105・0×横93・5㎝）は古いものであった。真ん中の名号《みょうごう》と左右の偈文は同じであったが、右端に「持主　直参衆　道場」、左端に「釋真《しん》慧《ね》法印書之」「文亀二（1502）年三月廿九日」とある（写真右上）。現在は軸装されているが、かつて実際に使われていた跡であろうか折り畳んだ線が残っていた。もちろん、彰見寺には現在使われている野袈裟もある（写真右下）。この他、高田派中興の真《しん》慧《ね》上人（1434～1512年）が下付した野袈裟が高田派寺院に17～8点ほど法物として伝来している（三重県総合博物館　図録『親鸞高田本山専修寺の至宝』2015年）。実際に使用されたので傷みが激しく、切断して軸装化されている。真慧真筆の野袈裟とセットで棺腰巻《かんこしまき》もあり、「光明遍照　十方世界念仏衆生　摂取不捨」の偈文が書かれている。『亀山市史』（亀山市、2011年）によれば、1590（天正18）年や1693（元禄6）年の野袈裟が報告されているので、真慧上人以後、現代まで使い続け

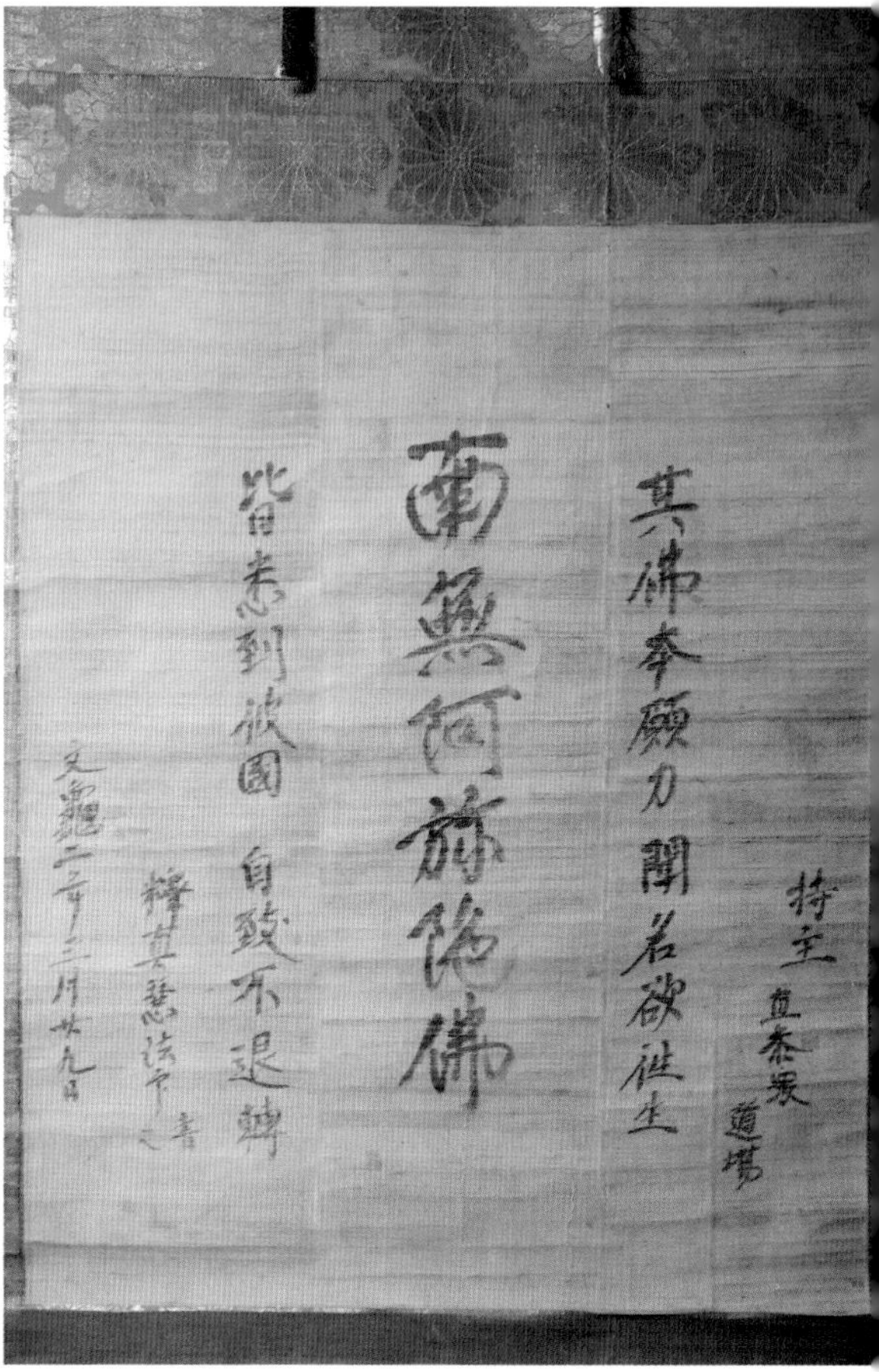
其佛本願力　聞名欲往生
南無阿弥陀佛
皆悉到彼國　自致不退轉
持主
道場
野袈裟・彰見寺（真宗高田派）・文亀2年（1502）

其佛本願力　聞名欲往生
南无阿弥陀佛
皆悉到彼國　自致不退轉
平成二十六年八月二十五日
彰見寺
野袈裟・彰見寺　現在使われているもの

られている葬具である。

野袈裟で棺を覆う意味は、「其仏本願力」以下4句の偈文にある。この偈文は「破地獄文《はじごくもん》」として知られるが、親鸞聖人は『尊号真像銘文《そんごうしんぞうめいもん》』で異なった解釈をしている。弥陀の本願力である「御ちかいのみな」を信じて「安楽浄刹《あんらくじょうせつ》」（お浄土）に生まれようとする人は、みんな漏れることなく「かの浄土」へ自然《じねん》に到ることができますよ、衆生《しゅじょう》のはからいではありません、不退というのは仏に必ず成る身と定まる位のことで、「正定聚《しょうじょうじゅ》のくらい《（位）》」に

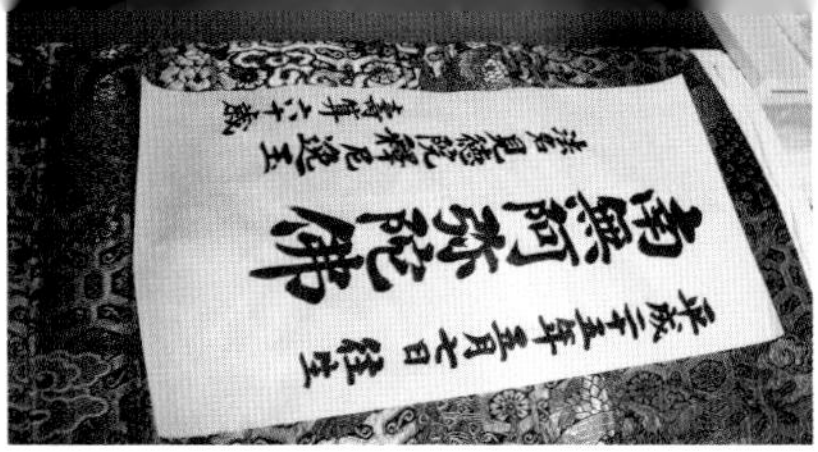

1　棺蓋の名号

2　クロス張りの棺

3　真宗門徒の葬列

到る意味ですよ、と述べている（東本願寺出版『真宗聖典』513頁）。

この野袈裟の民俗と意味を確認して、改めて現代葬儀における死者や棺をみてみよう。真宗大谷派の葬儀では棺に七条袈裟《しちじょうげさ》を掛け、棺蓋《かんがい》の名号（写真1）を中に入れるが、多くの葬儀では棺が「丸裸」である。袈裟の名残であろう金襴《きんらん》布を掛けたりしていたが、葬儀社は「棺が布張りですから」といって止めてしまったところも多い（写真2）。

日本人はかつて死者をホトケと呼んできた。真宗門徒にとって死者は「往生の人」であり「仏」であった。門徒の葬儀で葬列のとき、天蓋《てんがい》を棺にかざしていたところもあった（写真3）。天蓋は仏や高貴な僧侶にかざすものである。丸裸の棺や儀礼の消滅をみると、「世俗化した死」と現代葬儀のあり方について考えざるを得ない。それは、私たちが往《ゆ》くべき世界、浄土を喪失していることであり、翻《ひるがえ》って「人間としての身」を生きていることを忘れていることなのであろう。

現代葬儀と真宗門徒
——お惣仏《そうぶつ》・臨終仏《りんじゅうぶつ》・無常仏《むじょうぶつ》

岐阜県養老町・富山県氷見市 他

真宗門徒の民俗はどうなるのか。そのまま伝承されていくのか、消滅してしまうのか。それとも形を変えながらも受け継がれていくのか。とりわけ、葬儀はどこへゆくのだろうか……。こんなことを思いながら、真宗大谷派首都圏教化推進本部が第4回エンディング産業展（2018年8月22日〜24日開催）に出展すると聞いたので出かけてみた。

会場の東京ビッグサイト（東京都江東区有明）は東京ドーム（グランド）6個分の広さという。この中の1ホールに230社余りのブースが設けられ、各社の商品を展示していた。家族葬の葬儀壇《だん》（祭壇）・棺《ひつぎ》・遺影《いえい》写真・遺言映像・死装束《しにしょうぞく》・骨壺《こつつぼ》・紙製の送り鳩・遺体保管庫・霊柩車《れいきゅうしゃ》・納骨堂《のうこつどう》・海洋散骨《さんこつ》・墓石・樹木葬等々。キャッチコピー（宣伝文句）を見てみよう。「RAY FLOWER 光と花のエンディングセレモニー祭壇革命」、棺について「故人にとって最後に入るお部屋だからこそ、「想い」の溢《あふ》れる場所にしたい。その人らしさを大切に包み込み、葬儀が終

2018年8月22日から24日にかけて開催された「第4回エンディング産業展」（東京ビッグサイト）

デザイン化された骨壺

わっても、いつまでも人々の記憶に残るものであってほしい……」、「遺品整理クリーンサービス」、「過去と心の整理のお手伝い」、骨壺について「Beautiful SOUL is here —大切な想いは、ここに—」、「Soul Petit Pot 大切な人との絆が、さりげなく普段の暮らしに溶け込む」、「いつもいっしょだから、輝ける。大切な人を想う心を、ここに込めて」。これらが現代の葬儀観であり、現代人の死生観なのであろう。

こうした産業展の中で、首都圏教化推進本部は大谷派伝統の野卓《のじょく》形式の葬儀壇を設《しつら》えて、次のようなメッセージを送っていた。「なぜ葬儀をつとめるのか？」「亡《な》き方の頬《ほほ》にふれ、その手にふれる。その冷たさこそが、いのちそのものの事実を教えてくれます。……いのちの尊さとその悲しみを確かめる場　それが〝仏教の葬儀式〟です」。「「いのち」を今、どう生きて往くのか？」「仏の教えを依《よ》り処《どころ》とする人生を習う　それが〝仏教の終活〟です」。そして、模擬葬儀式と荘厳《しょうごん》や読経《どきょう》の解説を行っていた。こうした背景には、東京圏の真宗門徒が故郷の寺院と離れ、真宗の葬儀を勤める機会を失ってしまっている現実と危機感がある。そこで、首都圏教化推進部では「首都圏仏事代行」を行っている。その取り組みの一つである真宗会館で執行している葬儀の状況は、通夜《つや》葬儀80%、一日葬（通夜を行わない）16%、直葬《じきそう》4%、枕勤めは94%が行っていないという。この実態は、表（右下）と対応している。

現代の葬儀、特に真宗門徒の葬儀が、なぜこのようになってしまったのか。それは1989（平成元）年以降、斎場・葬儀会館が増加して、門徒たちが自ら行っていた葬儀式ができなくなったからである。寺院側も対応することなく今日に至ったということであろう。真宗門徒の葬送民俗に、オソウブツ（お惣仏）・リンジュブツ（臨終仏）・オクリホトケ（送り仏）・ダイホンサン（代本さん）・ムジョウブツ（無常仏）・オタカラサン（お宝さん）などと呼称される儀礼があった。岐

「第4回エンディング産業展」には真宗大谷派首都圏教化推進本部も出展。大谷派伝統の野卓形式の葬儀壇を設え、模擬葬儀式のデモンストレーションや通夜・葬儀・法事など仏事の意味を考えるミニセミナー（法話）を連日行った

	直葬	一日葬	家族葬	一般葬
北海道・東北地方	5.0%	4.4%	37.9%	57.6%
関東地方	8.1%	9.0%	33.2%	49.7%
中部地方	3.4%	2.2%	31.6%	62.8%
近畿地方	6.0%	3.7%	58.3%	32.0%
中国・四国地方	4.5%	3.5%	40.9%	51.1%
九州・沖縄地方	2.7%	2.7%	33.1%	61.4%
全国	4.9%	4.4%	37.9%	52.8%

「お葬式に関する全国調査」結果報告（『エンディング産業データブック2018』株式会社鎌倉新書）、「2 葬儀の種類」を表化

阜県養老郡養老町の徳願寺（真宗大谷派）を調査したとき、「門徒葬儀用貸し出し」というメモ一覧があった。「おだいほんさん」と呼ばれる御本尊《ごほんぞん》をはじめ、荘厳具《しょうごんぐ》から曲彔《きょくろく》（導師が使う椅子）まで用意されていた。こうした葬具を寺が貸し出すことは、多くの地域でも行われていた。自宅で葬儀を行っていた頃のことである。富山県氷見市の安専寺（真宗大谷派）では、葬儀に貸し出す本尊のことをムジョウブツと呼んで、普段は御開山《ごかいさん》親鸞聖人《しょうにん》の裏側に安置されている。いまでも葬儀会館の御本尊として貸し出されている。イッケ（一家）の親類2人や法中方《ほっちゅうかた》の世話係が受け取りに来て、本堂《ほんどう》御本尊の正面にムジョウブツを安置、二《に》河白道《がびゃくどう》の意味で本堂入り口から莫蓙《ござ》を敷《し》くという。御本尊は初七日《しょなのか》法要が済んでから寺に戻される。こうしたお惣仏の真宗民俗は、岐阜県西濃《せいのう》、三重県、滋賀県湖北《こほく》、北陸、新潟地域などで行われてきた（蒲池勢至『真宗と民俗信仰』吉川弘文館・『真宗民俗史論』法藏館）。

左／オクリホトケ（送り仏）。岐阜県関ケ原町・真宗佛光寺派門徒宅
下／ムジョウブツは葬儀で貸し出す際に御本尊の正面に安置され、本堂入り口から莫蓙が敷かれる。富山県氷見市・安専寺（真宗大谷派）

　現代の葬儀は簡略化とアウトソーシング（外部委託）である。さらに、宗教的意味が失われて世俗化され、死者は現世に「いるかのように」意識されている。真宗寺院の住職と門徒はどうしたらいいのか。葬儀はどこへゆくのであろうか。「民俗」とは、変化しつつも型や儀礼をともなって行為や言語で伝承され、人間にとって本質的なものが相続されていくものである。

室内墓苑と大谷祖廟《そびょう》

大谷祖廟（東本願寺）他

現代社会、「墓」の変容がすさまじい。長年、住職として、また葬儀や墓を民俗学的に研究してきた者としても、正直、現在進行している墓の変化を捉えきれないままでいる。しかし、「変化」といっても振り返ってみれば、たかだかこの30年にすぎない。

いま流行の墓は、樹木葬と「室内墓苑《ぼえん》」である。樹木葬について述べることは別の機会に譲るが、室内墓苑とは、寺院の境内《けいだい》や室内などに納骨施設を設けて、家ごとにお参りができる納骨堂形式のことである。家ごとの箱型に区分され、その中に遺骨を3〜5体ほど納めることができ、正面にご本尊《ほんぞん》を安置して荘厳《しょうごん》している（写真100頁）。小さなボックスに遺骨だけ納めてこれを何百と安置している納骨堂もある。あまりに多くあるので、参拝者がカードを機械にかざすと、発光ダイオードが点滅するようになっている。左の写真は、石塔のような中央「○○家」の部分が納骨ボックスになっている。特徴は、この背後に大量の遺骨が保管されていて、参詣者がカードをセンサーにあてると自家の遺骨収納箱が出てくる仕組みである。

このような自動搬送式の方法は、物流システムの応用であろう。こうした現代の「墓」「納骨堂」をみていると、そもそも墓とは何か、納骨堂とは何かと考えてしまう。

室内墓苑の例

宗祖親鸞聖人のお墓所・大谷祖廟の御廟には、本願寺の歴代をはじめ、聖人を追慕し、その教えに生きられたご門徒のご遺骨が納められ、毎日、全国各地より多くの方々が参拝される

私が住職を務めてきた寺の境内墓地に、すこし変わった門徒の墓がある（写真101頁上）。縦121センチ、横121センチ、高さ約175センチの大きさ、切石《きりいし》を積んで四角形、上には宝珠《ほうじゅ》型の石が置かれている。「明治三十七年（1904）辰四月」と銘がある。60年ぶりに納骨しようとしたとき、どこから遺骨を納めたらよいのか誰もわからなかった。宝珠型の石を外すと穴があって、積み石四角形の中段辺りまで空洞になっていた。そこで、遺骨をバラバラと落とし込んで納骨したのである。こうした切石を積み上げた形式の墓は、大谷型ともよばれる。京都・東山の大谷祖廟《そびょう》にある親鸞聖人《しょうにん》の墳墓に倣《なら》ったものであろう。この家は、江戸時代から守口大根の漬物を扱う尾張屋という商家で、代々熱心な真宗門徒である。

東本願寺（真宗大谷派）の大谷祖廟は、1670（寛文10）年、第14代琢如《たくにょ》上人が東本願寺境内にあった御歴代の仮墓を移転して開設された。西本願寺（浄土真宗本願寺派）の西大谷本廟が成立

近年増え続ける箱仏壇型納骨堂・円満寺（北海道樺戸郡／浄土真宗本願寺派）

して整備されるのは、1603（慶長8）年10月、幕府によって鳥辺野《とりべの》延年寺山に廟所が移転させられ、1606（慶長11）年11月に仏殿が建立されてからである。廟所が成立すると、その周りに門徒が墓塔を建立しようとした。『大谷本願寺通紀』（1785）には、1661（寛文元）年から1772（安永元）年の間に「凡《およそ》八千所」になったという。「自墓」のない者は祖廟のかたわらに毎年夏合葬されたというから、門徒による本山《ほんざん》納骨が盛んに行われだしたことがわかる。廟所の墳墓は、大きな切石を四角形に積み上げた形式である。一番上には、聖人の御入滅地（京都市中京区御池柳馬場上ル御池中学校辺り）にあったという虎石が置かれている（写真左頁下）。この形式は、地方の真宗寺院住職家の墳墓にもしばしば見ることができる（写真左頁中）。

こうした大谷祖廟への納骨と現代の室内墓苑や納骨堂を比較すると、何が異なっているのだろうか。祖廟納骨は、宗祖《しゅうそ》親鸞聖人を慕《した》い、真宗の教えに生きた門徒が「倶《とも》に一つ処に会《え》する」という宗教的な納骨儀礼である。納骨場所に名前も記さず、家単位でもない。一方、室内墓苑は従来の石塔はないが家単位になっていて、やはり家墓である。無縁社会といわれ、核家族が多くなり、現代社会は世代間の継承が難しくなった。すべてとはいわないが、永代経を担保として不特定多数の遺骨を受け入れている寺院の室内墓苑・納骨堂は、将来、単なる「遺骨の集積場」になりかねないという指摘もある。何のために納骨するのか。遺骨とは、墓とは何かを再考する時期に来ているのだろう。寺院消滅の危機が叫ばれる現代社会にあって、更に寺院と僧侶の仕事が遺骨と死者の管理ということだけになれば、仏教は衰退するであろう。真宗門徒であれば、生死《しょうじ》の苦海を生き抜いて、往生浄土への道を求め歩み続けねばならない。そうすれば、死の意味や遺骨・墓への考えも変わってくるだろう。現世の「私」も「家」も超えていく。

門徒の大谷型墓・長善寺(名古屋市西区/真宗大谷派)
※写真中の位牌型のものは、法名の標識としてのものである。

住職家歴代墓・無為信寺(新潟県阿賀野市/真宗大谷派)

廟所の墳墓の一番上に置かれた虎石・大谷祖廟

III

真宗の門流と殉教・教化

北へ、親鸞門流
——是信《ぜしん》と「まいりの仏《ほとけ》」

是信が開基といわれる本誓寺の本堂（岩手県盛岡市）

岩手県盛岡市・秋田県仙北郡美郷町

北へ向かった親鸞門流はどうなったのか。東北の民衆は、親鸞聖人《しょうにん》の教えをどのように受け取ったのだろうか。このことが、関東二十四輩《にじゅうよはい》遺跡寺院の調査をしていた頃から、ずっと気になっている。聖人が関東在住の頃、そして御往生《おうじょう》後の門弟をみると、福島県の会津に無為子《むいし》（無為信）、同浅《あさ》香《か》（安積）に覚円とその門弟法智、同藤田（伊達郡国見）に本願、岩手県西南部の和賀《わが》には是信《ぜしん》などが住んでいた。それぞれが門弟をかかえて、地域的な門流を形成していたと思われる。この中で是信を追ってみよう。

現在、盛岡市に二十四輩第十番・是信の遺跡寺院として本誓寺（真宗大谷派）がある。『大谷遺跡録』（1771年刊）という史料によれば、是信の「俗姓は藤原氏、吉田大納言信明《だいなごんしげあき》なり」とある。

奥州に真宗を弘めた親鸞高弟二十四輩第十番・是信の木像（善證寺蔵・秋田県仙北郡）

親鸞聖人がいた小島の草庵（茨城県下妻市）で教化を受けた後、「奥州《おうしゅう》には真宗をいまだ聞いていない人々が多いので、是信房あなたが奥州に行って真宗弘通することが自分（聖人）の願いである」と命ぜられた。そこで奥州に赴いた是信は、和賀郡一柏《ひとつかしわ》という地に暫《しばら》く居て、それから斯波《しわ》郡（紫波郡）石ケ森に移り本誓寺を建てたという。没年は1266（文永3）年10月14日と伝える。『遺跡録』では1590（天正18）年に盛岡に移転したとあるが、本誓寺では1635（寛永12）年に現在地へ移ったとしている。本誓寺には多くの法宝物が伝来し、東北における真宗の中心的な拠点である。

是信の門流をさらに追っていくと、秋田県仙北《せんぼく》郡《ぐん》美郷《みさと》町六郷の善證寺《ぜんしょうじ》（浄土真宗本願寺派）に是信の系図と御木像があった。善證寺の系図では、是信は源宗綱の3男宗房となっている。是信の御木像は珍しく、「岩手県の門徒が御木像を礼拝に今でもバスで来られます」という。さらに青森県西津軽郡鰺《あじ》ケ《が》沢《さわ》の来生寺蔵・先徳連坐像には、「親鸞聖人」に続いて「釈是信」と銘がある。真宗は奥羽山

光明本尊に描かれた是信上人（左の真ん中）

光明本尊（本誓寺蔵）

脈を越えて北へ、北へと展開したのであった。

ところで、岩手県は民俗学でいう「まいりの仏《ほとけ》」信仰が盛んである。「まいりの仏」とは「十月仏」とも呼称され、一族の人たちが、仏別当《べっとう》などとよばれる総本家筋を中心にお参りする信仰行事である。旧暦十月を拝み日として現代にまで伝承されている。信仰対象は多様で、木像では阿弥陀如来と孝養太子《きょうようたいし》像。画像では阿弥陀、名号（六字・九字）、聖徳太子（孝養・黒駒《くろこま》・講讃《こうさん》・講讃黒駒・太子と連坐御影等）、善導《ぜんどう》大師・七高僧他三十三種という（門屋光昭「まいりの仏（十月仏）の祭祀」）。柳田國男もはやくから着目して、『先祖の話』などでは「寺の無い村々に於て、死者の取置きの日に掛けて拝ませたといふ話もよく聴いて居る」と述べている。寺院もなく僧侶もいないとき、この画像を一族が掛けて葬式を行っていた。こうした画像類は地方作で近世のものが多いが、なかには南北朝期から室町期のものもあり、寺や僧侶が教団化される以前の姿、初期真宗門徒の信仰形態を彷《ほう》彿《ふつ》とさせる。在俗形態の毛坊主《けぼうず》・俗聖《ぞくひじり》としての姿

右・中／まいりの仏・阿弥陀如来と善導大師（圓浄寺蔵・秋田県横手市）
左／まいりの仏・光明本尊（長明寺蔵・秋田県仙北郡）

である。また、浄土系の念仏信仰、真言系の念仏信仰、太子信仰などが重層的に絡まっていて、東北の「隠し念仏」という秘事法門《ひじぼうもん》の信仰とも関係していた。

先に述べた秋田県六郷の長明寺《ちょうみょうじ》（真宗大谷派）や横手市の圓浄寺（真宗大谷派）を訪れたとき、「まいりの仏」とみられる画像類があった。この信仰も奥羽山脈を越えて展開したのであろう。こうした信仰土壌の中で真宗はどう伝承され信仰されてきたのか。長明寺の本堂には年忌の貼紙があって、五十回忌以降も百回忌・百五十回忌・二百回忌・二百五十回忌・三百回忌とあり、末尾には「先祖菩提のため繰り出し候」とまであった。真宗門徒の先祖に「弔い上げ」の習俗はない。またこの地域の門徒は、自らのことを「イッコウシュウ（一向宗）」と呼んでいると聞いた。真宗門徒としての意識は、連綿と伝承されてきたのである。

荘川桜《しょうかわざくら》と飛騨門徒

岐阜県高山市

櫻の樹の下には屍體《したい》が埋まっている！

小説家・梶井基次郎《かじいもとじろう》（1901〜1932年）は、「櫻の樹の下には」という作品の冒頭でこう述べている。桜の花はどうして見事に咲くのか、信じられない、不安になる。桜の樹の下に死体が埋まっていて、根が死体からでる「水晶のような液」を吸っているからではないか……。真っ盛りに咲き誇る桜の花をみると信じることができず、「俺には惨劇《さんげき》が必要なんだ。その平衡《へいこう》があって、はじめて俺の心象《しんしょう》は明確になって来る」という。文学者の心象を表現したものであった。

荘川桜《しょうかわざくら》（岐阜県高山市荘川町）が満開に咲く姿を、長い間この眼で見たいと思っていた。30歳代の後半から40歳代の初めの頃であったか、五箇山《ごかやま》の真宗を訪ねて名古屋から国道156号線を往復していた。東海北陸自動車道はまだ開通していなかった頃である。ちょうど、御母衣《みぼろ》ダム湖畔の荘川桜が休憩地であった。そのとき、「あぁ、このダム湖の下には真宗門徒の村が沈んでいる」と想ったものである。湖畔に移植された照蓮寺《しょうれんじ》桜と光輪《こうりん》寺《じ》桜の2株はアズマヒガンザクラ、高さが30メートル、幹周りが6メートル、樹齢450年とも500年とも推定される。とすれば、飛騨の人々が蓮如上人《れんにょしょうにん》の教えに出遇《であ》ってからと同じ時間の流れになる。飛騨真宗門徒の500年の歩みを語る桜ではないのか。さらに、ダム湖の底に沈んだ中野地区の照蓮寺の開基は嘉念坊善俊《かねんぼうぜんしゅん》である。親鸞聖人《しょうにん》が関東から帰洛のときに弟子となり、飛騨におもむいて白川郷の鳩ヶ谷《はとがや》・同郷飯島に道場を構

御母衣ダム湖畔で咲く荘川桜。撮影時(2017年)は裏年のため、満開でも花芽は少なかった

表年の荘川桜

「飛騨御坊」とも称される真宗大谷派高山別院照蓮寺（高山市鉄砲町）の本堂

え「正蓮寺」と称したという。１５０４（永正元）年には、白川郷中野に寺院を再建して「光曜山照蓮寺」に改称した。嘉念坊善俊から数えれば、飛騨真宗の歴史は８００年、その故地がダムの底にある。

御母衣ダムの本工事が始まったのは１９５７（昭和32）年、先の東京オリンピックが開催される７年前である。高度経済成長にともなう電力不足が背景にあった。もちろん水没住民が「死守」しようと反対運動を展開したが、１９６１（昭和36）年、高さ１３１メートルのロックフィルダムが竣工した。こうした中で、旧中野村にあった重量約35トンの光輪寺桜と、約38トンの照蓮寺桜を移植保存しようと動いたのが、電源開発会社の総裁であった高碕達之助氏、桜博士といわれた笹部新太郎翁、造園業者の丹羽政光氏であった。古木の桜は枝と根を切り落とされ、鋼鉄の橇《そり》に乗せられ、３台のブルドーザーに曳《ひ》かれて50メートル上の高台に引き上げられた。その光景は村人にとって、痛ましい「惨劇」であったに違いない。大移植が

上・右下／通称：中野照蓮寺（真宗大谷派・高山市堀端町）。日本の真宗寺院では最古の建築といわれる書院造りの本堂
左下／傍には嘉念坊善俊の墓がある

水没前の中野地区

完了したのが、1960(昭和35)年12月24日である。枯れたかに見えた桜は、翌年春に蕾《つぼみ》を付け、10年後の1970年春には2本の老木が満開の花を咲かせたという。荘川「桜物語」の誕生であった。

照蓮寺はどうなったのか。実は1588(天正16)年、高山に入った金森長近《かなもりながちか》によって高山城下に移転させられており、現在の高山別院照蓮寺になっている。一方、移転跡の中野には嘉念坊善俊の墓と本堂が残っていた。「照蓮寺掛所《かけしょ》心行坊」として存続、明治期には「照蓮寺」を公称した。そして、この中野照蓮寺も水没のため、1961(昭和36)年に高山市堀端町(城山)へ移転した。道場遺構を残す1504(永正元)年の本堂(重要文化財)は、いまも城山に建っている。嘉念坊の墓も側らにあり、蓮如上人や実如上人《じつにょしょうにん》が下された方便《ほうべん》法身尊像《ほっしんそんぞう》・親鸞聖人御影《ごえい》・六字名号《ろくじみょうごう》・正信偈文《しょうしんげもん》・御文《おふみ》などの法宝物も守られたのである。

2017年5月5日、荘川桜は満開になった。しかし、桜の間から青空が透けて見える。知らなかったが、1年おきに花芽の数が違うとのこと

真宗本廟（東本願寺）の阿弥陀堂南側に、高山教区から寄進された荘川桜（原木から接ぎ木し生育されたアズマヒガンザクラ）の苗木が植樹された（2017年12月11日）

旧中野地区のあった御母衣ダム湖畔

で、2017年は「裏年」であった。8日には花吹雪になったというから、御母衣湖の水面《みなも》に花びらが散り流れいったであろう。梶井基次郎のように桜の樹の下に死体はないが、水没した真宗門徒の村と人々の生活、照蓮寺・光輪寺の歴史があった。ダムの建設で230戸が水没、1200人が離散したという。この事実は「心象」ではない。歴史的事実であり、人々にとっては「惨劇」であった。その時間の中で荘川桜は美しく咲いているのだろう。満開は見る者の期待であるが、花は毎年一生懸命咲いている。今年、2018年の荘川桜はきっと多くの花芽をつけて満開になるに違いない。

2017年12月、荘川桜は真宗本廟《ほんびょう》（東本願寺）に植樹された。高山教区・高山別院宗祖《しゅうそ》親鸞聖人七百五十回御遠忌《ごえんき》法要（2019年5月）を記念してのことであった。飛騨門徒にとって新しい「桜物語」の始まりである。

真宗禁制

——殉教《じゅんきょう》・隠れ・講

鹿児島県南九州市・熊本県人吉市 他

刑場跡（宮崎県都城市・旧薩摩藩領）

「殉教《じゅんきょう》」という言葉と事実に、恐怖を感じながらも心惹《ひ》かれるのは私だけであろうか。弾圧に屈せず、自らの信仰に殉じて死ぬことができるのかと思う。

　近世初めから1876（明治9）年まで、九州の薩摩《さつま》藩と人吉《ひとよし》藩（熊本県の南部人吉球磨《くま》地方）はキリスト教と「一向宗」が禁制であった。記録には「真宗」禁制ではなく「一向宗」禁制とでてくる。一向宗とは山伏・占《うらない》祈祷《きとう》師・くすし（医師・売薬商人）といった藩外から来る人々も含んでいたが、実際上は真宗の禁制であった。薩摩藩の島津氏は、1597（慶長2）年2月に禁制令発布、人吉藩の相良氏は1504～20年（永正年間）からともいわれるが、1555（天文24）年2月から禁制であった。薩摩藩では領内の人々に宗門手札をつ

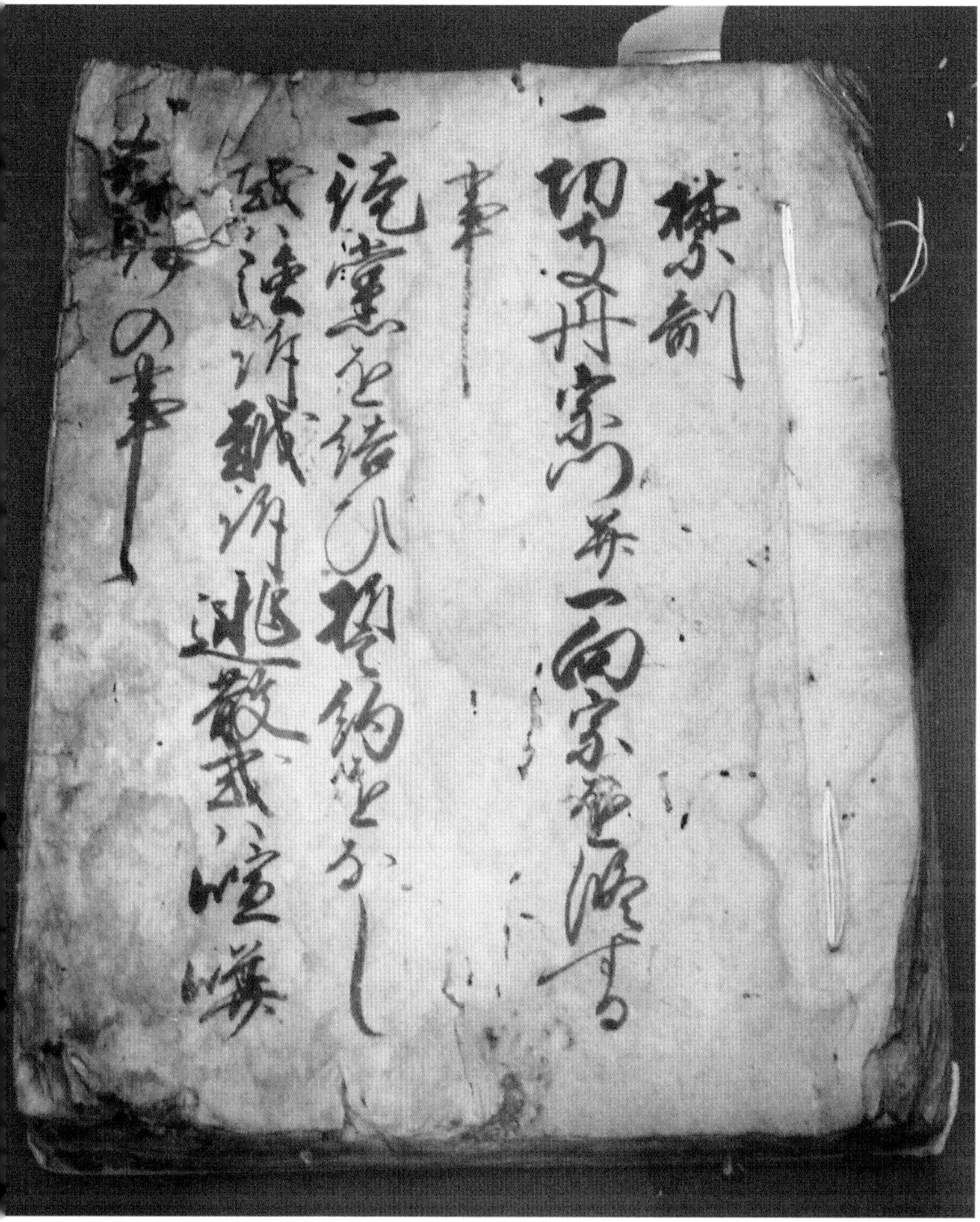
禁制史料の「諸郷法令」（熊本県・山江村歴史民俗資料館蔵）

くり、5年ごとに手札改め、藩の宗体座（宗門改所）が摘発にあたった。人吉藩では、宗門奉行や一向宗目付が置かれ、毎年正月7日の朝には村人を集めて「禁制」を読み聞かしている。

近世を通じて何度か大きな摘発と弾圧が行われているが、1777（安永6）年には12か村の摘発で453人が取り調べられている（『肥後国相良藩と一向宗禁制』）。薩摩では1835（天保6）年から大法難といわれる弾圧が行われ、その後、1843（天保14）年の報告では、本尊二千幅、門徒の摘発処分者は14万に及んだという。男性は割木の上に座って膝に責め石をのせられ、皮肉が破られるまで棒で叩かれた。女性は裸で木馬に乗せられ、また陰門に太い縄をはさまれて引き倒されたという（『薩摩国諸記』）。

こうした真宗禁制の中で、門徒はどのように信仰を守り続けたのであろうか。35年ほど前、「隠れ念仏」の遺跡を巡ったことがあった。「立山かくれがま」（南九州市知覧町）が記憶に残っている。山の坂道を少し登ったところにあって、小さな洞窟《どうくつ》であった。薄暗い中に入ると、ここに村人が集まり、本尊《ほんぞん》を安置して勤行《ごんぎょう》した跡があった。

上／殉教者・山田伝助の話は今も仏飯講の人により語り継がれている（熊本県・人吉別院）
下／立山かくれ念仏洞。発掘調査をもとに現在は史跡として整備されているが、かつては竹林に覆われた人目につきにくい場所だった。洞窟は奥行4m、そこから左へ直角に曲がり、さらに奥へ6m続く。最奥部は15、6人は座れる広場になっている

南九州では、このように隠れて念仏をとなえた洞窟のことをガマと呼んでいる。ガマに隠れて寄り合うことが、信仰を守る一つの方法であった。家の中に仏壇《ぶつだん》を見えるように安置することはできない。初めて見た鹿児島別院（真宗大谷派）の隠し仏壇は印象深い。扉を閉めると箪笥《たんす》であった。7年前、人吉市辺りを回ると山江村歴史民俗資料館や楽行寺（真宗佛光寺派）に、傘仏《かさぼとけ》・まな板本尊・柱仏《はしらぼとけ》・竹筒仏など多くの史資料が残されていた。人吉別院（浄土真宗本願寺派）では下《しも》球磨仏飯講《くまぶっぱんこう》の人から、殉教者《じゅんきょうしゃ》・山田伝助の話をお聞きした。伝助の殉教は伝説化されているが、1796（寛政8）年、仏飯講の懇志金《こんし》を京都の西本願寺（浄土真宗本願寺派）へ上納したとき密告されて捕縛されたという。伝助は獄門《ごくもん》となり、その

竹筒仏
(熊本県・楽行寺蔵)

まな板仏(右)と傘仏(左)
(熊本県・楽行寺蔵)

隠し仏壇(東本願寺鹿児島別院蔵)

他の者も打首《うちくび》、永牢、流罪《るざい》、所移《ところうつし》、5人組が杖刑《じょうけい》となっている。

「隠れ念仏」は「隠し念仏」ではない。隠し念仏は信仰を逸脱させ、秘密結社のように秘事法門《ひじぼうもん》化して地下に潜った念仏信仰である。これに対して、隠れ念仏は真宗門徒が講《こう》を結成して、京都の西本願寺と連絡を取り、本尊や親鸞聖人御影《ごえい》・宗主の御書などを受けていた。人吉藩には下球磨仏飯講・上《かみ》球磨仏飯講、薩摩藩には二十八日講・焼香《しょうこう》講・御鏡講・椎茸講・細布《ほそぶ》講・西方講などがあり、広域にわたって集落ごとに番役《ばんやく》や世話役、その上に講頭《こうがしら》役が組織されていた。この講こそが、藩権力による「真宗禁制」に対抗して、門徒が信仰を伝承させた力であった。

開聞岳《かいもんだけ》を望む村の墓地であったと思う。「ここは村人が毎日朝夕お参りして、花が絶えないんですよ」と説明された。何気ないひと言であったが、後に「お墓でしか念仏を称《とな》えることができなかったから」と聞いた。墓参りの背後にも隠された真宗禁制の歴史が潜んでいたのである。

廃仏毀釈《はいぶつきしゃく》と殉教《じゅんきょう》——三河《みかわ》の大浜《おおはま》騒動

愛知県西尾市・碧南市

「菊間藩事件」「鷲塚騒動」とも呼ばれていた。廃仏毀釈と真宗の護法・殉教について考えてみよう。「廃仏」は仏を廃する、「毀釈」の毀は壊す、釈は釈家で仏教のことである。

1871（明治4）年3月9日、三河は騒然となった。事の発端は、1870（明治3）年7月、菊間藩の大浜陣屋（出張所）に少参事《しょうさんじ》服部純が赴任したことから始まる。菊間藩は碧南市全域と安城市・西尾市・豊田市の一部にまたがっていた。服部純は、明治新政府の改革政策を推し進めようとして、神道化と寺院統合を行おうとする。そして、1871年2月15日、管内の僧侶を集めて11箇条の下問《かもん》を伝えた。その内容は、檀家のない寺院や無禄の寺院は合併すべきこと、僧尼は本寺が引き取り還俗《げんぞく》・帰農すること、檀家数が10軒、50

心はおなじ　西のかのきし
きゆるとも
露《つゆ》の身は　ここかしこにて

石川台嶺《たいれい》（1843〜1871年）の歌である。台嶺は、1871（明治4）年12月27日、29歳で死刑斬罪《ざんざい》された。その1か月前、11月28日の祖忌に令室に宛てた手紙の結びに記した歌という。毎年、6月5日もしくは6日に愛知県の真宗大谷派岡崎教区では「殉教《じゅんきょう》記念法要」が殉教記念会主催によって行われているが、蓮泉寺《れんせんじ》（愛知県安城市小川町）近くにある「護法有志墓」の傍らにこの碑が建っている。明治初年の廃仏毀釈《はいぶつきしゃく》に抵抗して立ち上がった三河《みかわ》門徒、「大浜《おおはま》騒動」とも「大浜事件」

上／殉教記念碑参拝。碑は1921（大正10）年、台嶺殉教地（牢屋跡・愛知県西尾市葵町）に建立。題「厳護法城」は第23代彰如（句仏）上人揮毫（きごう）
右／赤羽別院（愛知県西尾市一色町）で勤まる殉教記念法要と記念講演には毎年多くの方が参拝する

石川台嶺が斬罪されたときに着ていた血染めの白衣・蓮泉寺蔵（愛知県安城市）

軒、100軒以下等の基準で合併することはどうか、などというものであった（法藏館『史料 大浜騒動』70頁）。下問とは言いながら命令で、3月20日をもって「寺院廃合実行のことに決せり」などとある。神道化政策については、11箇条にみえないが、天皇や天照大神《あまてらすおおみかみ》を拝む天拝日拝、神前での祝詞《のりと》も教諭されていた。同年3月8日、真宗の僧侶は暮戸《くれど》教会（岡崎市暮戸町）に集まって話し合う。このとき蓮泉寺の石川台嶺は断固反対の演説を行った。9日未明、服部少参事の命令を阻止しようと、血誓連判《けっせいれんぱん》した若手僧侶ら30名余りと共に大浜めざして出発した。龍讃寺《りゅうさんじ》（西尾市米津町）までいくと噂を聞きつけた門徒が集まり、蓮成寺《れんじょうじ》（碧南市鷲林町）に到着すると数千人に達したともいわれている。騒動を聞きつけた大浜陣屋からも刀鎗《やり》・鉄砲などを用意した者が待ち受けていた。このなか、名主の家で台嶺たちは役人と面会して請願するも、激高した群衆が蓮成寺の鐘をつき、名主宅に押し寄せ、竹槍で役人1名を殺害してしまった。この後、台嶺は自首するも首謀者として投獄され、同年12月27日に判決があって即日処刑された。専修坊法沢《せんじゅぼうほうたく》ら30余名も投獄され、5名が牢死している。請願の結果は、東本願寺の介入もあって、寺院統廃合と神道的行儀の強要は撤回された。

　これが事件のあらましである。寺院統廃合が問題であっ

獄中で紙を丸めてつくった念珠

石川台嶺

たのはもちろんであるが、真宗門徒への天拝日拝や神前念仏を止めて祝詞を唱えよという強要も大きな問題であった。事件後の服部少参事の答弁書に、「当国には仏を信ずる頑固の風習があり、神拝・祭礼などでも大声で念仏をとなえる、実に聞くに堪えない次第」（同前294頁）とある。台嶺に

龍讃寺で台嶺が門徒群衆に演説している場面（田中長嶺筆画『殉教絵詞』より／1907〈明治40〉年 愛知県西尾市・聖運寺蔵）

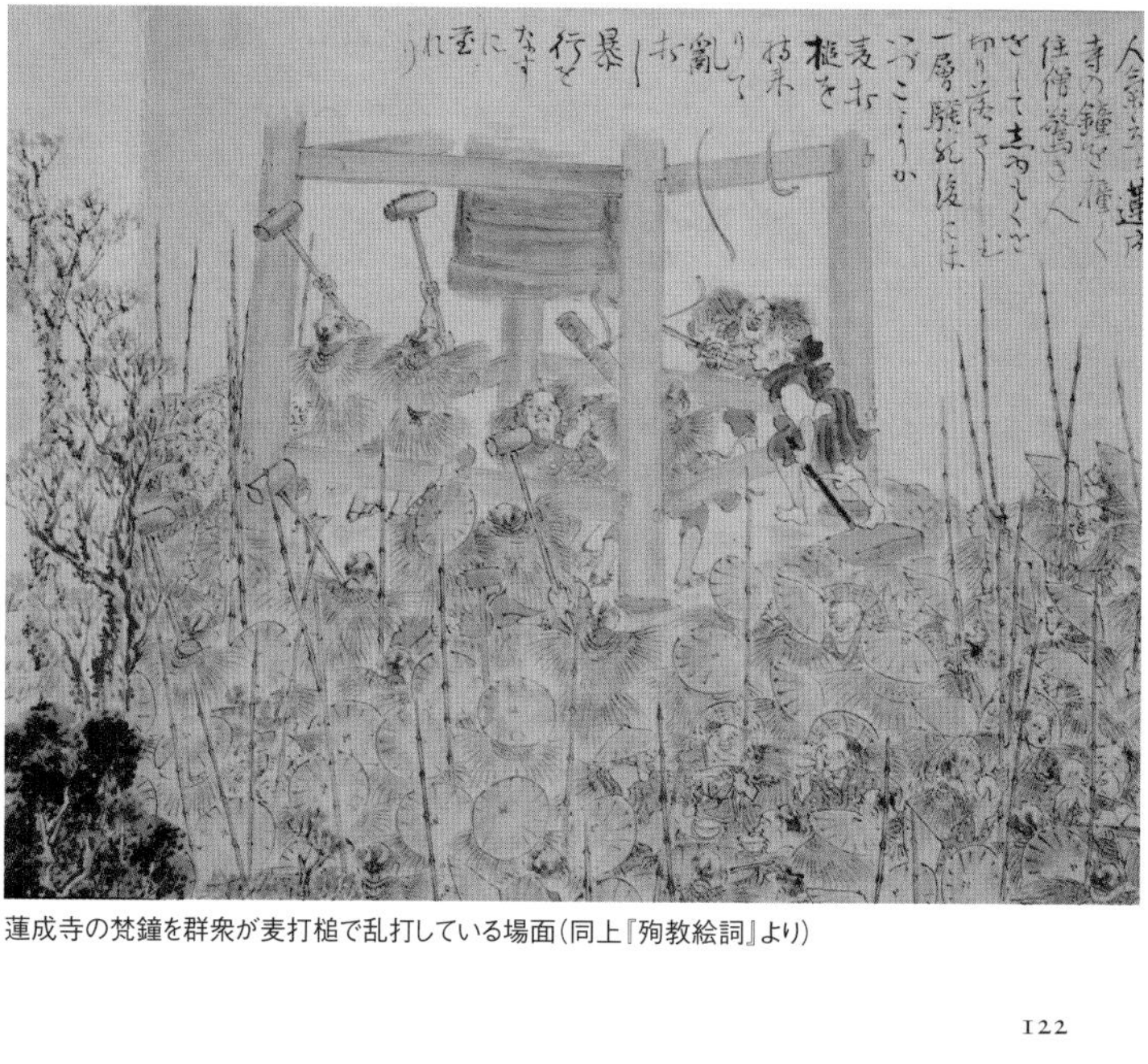
蓮成寺の梵鐘を群衆が麦打槌で乱打している場面（同上『殉教絵詞』より）

蓮泉寺（愛知県安城市小川町）近くに建つ「護法有志墓」。1887（明治20）年、台嶺火葬地に建立、1964年現在地に移転

護法有志墓の前で勤行

とってこの強要は「大いに宗意に違背す」るものであった。さらに、服部少参事は朝廷の意向と唱えて廃仏・廃寺を厳命したが、それは詐《いつわ》りであって、「我が浄土真宗を倒さんがため」と述べている。正に、台嶺は護法のために身命を賭したのであった。一方、群衆がどこまで理解していたか分からない。「大浜にヤソ（耶蘇・キリスト教）が来た」という風聞も広まっていた。門徒たちは蓑笠《みのかさ》に身を堅め、下には肩衣《かたぎぬ》をかけ、手に数珠《じゅず》を握って集まった。竹槍も手にしたが、家々で造っていた味噌玉を投げ、火鉢を取って投げ付け、「仏敵を討《う》て国賊を逃すな」などと罵《ののし》ったという。

　明治政府が発令したのは、神と仏を分離させよという神仏判然令《しんぶつはんぜんれい》であった。廃仏毀釈ではない。しかし、全国各地で廃仏毀釈の運動が展開された。大浜騒動は、時間の経過とともに「護法」から「殉教」に移行したが、核心は護法にある。

　毎年の殉教記念法要は、11時から護法有志墓参拝、11時30分から殉教記念碑参拝、午後1時から真宗大谷派赤羽別院で法要と記念講演が行われている。また、蓮泉寺には、台嶺が斬罪されたとき着ていた「血染めの白衣」、獄中で紙を丸めてつくった念珠や史料などが展示されている。法要の導師を勤められた大谷佳人鍵役《かぎやく》は、「時代の波に翻《ほん》弄《ろう》されるのを、御開山《ごかいさん》は凡夫と言っている。念仏しかないんですね」と語られていた。殉教法要は、現代において守るべきものは何か、と問いかけてくる。

真宗と絵解《えと》き

愛知県安城市 他

絵解《えと》きは復活した。しかし、どう再生したのだろうか。かつての絵解きと同じなのか。伝承の型は受け伝えられているのか……。

「ご絵解き」を初めて見たのは、1982（昭和57）年、大御堂寺《おおみどうじ》（野間《のま》大坊・真言宗豊山派・愛知県知多郡美浜町）であったと思う。平清盛打倒の戦に敗れて非業《ひごう》の死を遂げた源義朝《よしとも》を描いた「義朝最期図《さいごのず》」を、老婆が非常に長い竹竿《たけざお》で指し示しながら語っていた。その頃、まだ絵解きはさびさびとした状況であった。盛んになってきたのは、国文学者の林雅彦《はやしまさひこ》氏や徳田和夫《とくだかずお》氏などが絵解き研究会を結成して、1983（昭和58）年から雑誌『絵解き研究』を発刊するようになってからである。

2019年3月2日、「仏教絵解きライブin本證寺」が行われるというので出かけてみた。

本證寺《ほんしょうじ》（真宗大谷派・愛知県安城市）は古刹《こさつ》の御大坊、『聖徳太子絵伝』『善光寺如来絵伝』（共に重要文化財）など法宝物が多く伝来されている。このたび、新たに「平成涅槃図《ねはんず》」（加藤孝氏奉納）が作成されたので、その記念法要に「三河《みかわ》すーぱー絵解き座」が加わった。桝田英伸《ますだえいしん》氏「お釈迦さま最後の旅」、松原紗蓮《しょうれん》氏「諸行無常《しょぎょうむじょう》の響きあり」、椥野明《なぎのあき》仁《ひと》氏「釈迦は去り弥勒《みろく》の世にはほど遠く」、そして本證寺住職の小山興圓《おやまこうえん》氏「如来の遺弟悲泣《ゆいていひきゅう》せよ」の4席であった。満堂の中で、各氏がそれぞれの絵解きを行った。釈尊最後の場面を阿難《あなん》の「一人語り」で説いた桝田氏は、一人芝居のようでもあった。松原氏はプロジェクターを使って「諸行無常」を分かりやすく展開された。

絵解き座座表の椥野氏（真宗大谷派本澄寺《ほんちょうじ》・愛

「三河すーぱー絵解き座」座表・椰野明仁氏の絵解き。琵琶を弾きながら詠うように語り出した

知県西尾市）は、最初に琵琶《びわ》を弾きながら平家物語の冒頭を詠《うた》うように語り出す。そして続いた。

「頭北面西右脇臥《ずほくめんさいうきょうが》とこう申しまして……このクシナガラというところの沙羅《さら》の林の中にですね、大勢の人々が集まります、静寂なその林のなかにですね、ただお釈迦さまの苦しいような息だけが、聞こえるわけであります、なかに阿難さまというお弟子がございまして、いよいよお釈迦さまが御《お》涅槃《ねはん》に入られる。……居ても立ってもおられんようなお気持ちになられまして、『私はいまだ悟《さと》りが開かれておらん、いままでは分からんことがあれば、これはどうでしょうと尋ぬれば、これはこういうことだ、お釈迦さま、あなた頼りに今日までやってまいりましたのに、もう明日の日よりは何を頼りにしたらよろしいのか』と、遙か遠方の林の木の枝にしがみついて身も世もあらばと泣いていた。お釈迦さまは『阿難を呼べ、阿難を呼べ』、阿難は泣きながら、涙を拭いながらお釈迦さまの元にやって参りまして、『なんでございますか』とこう問いますと、急にお釈迦さまがスーとこうですね、上半身を起こして『阿難よ、おまえはわしの従者《じゅうしゃ》として、30年40年長〜い間、わしの面倒を見てくれた。このわしの旅の完成は、阿難よ、お前のこのご苦労がなかったら、今のわしはないぞ

上／今年は新たに「平成涅槃図」が作成され、その記念法要に「三河すーぱー絵解き座」が加わった。松原紗蓮氏はプロジェクターを使いながら分かりやすく語った　右／栁野明仁氏

よ。だから最後にお礼を申そうぞ、阿難よ、お前はいまだ悟りが開かれないと泣いているが、心配せんでも、やがて悟りは開かれる』……」。低く太い声、どっしりとした重厚さと口調は、かつての節談説教《ふしだんせっきょう》・祖父江省念《そぶえしょうねん》師に似てきていると感じる。

「三河すーぱー絵解き座」は、1996年に太藤《たいとう》順誼《よしむ》氏（真宗大谷派浄徳寺・愛知県西尾市）が有志を募り、2005年、愛知万博に出場し旗揚げされた。真宗大谷派をはじめ、真宗高田派や浄土宗など超宗派で、僧俗の別を超えた30余名の「仏教絵解き集団」である。親鸞聖人絵伝をはじめ、釈迦如来・聖徳太子・法然上人・蓮如上人の絵伝、仏涅槃《ぶつねはん》図、地獄絵図、一光三尊仏《いっこうさんぞんぶつ》絵伝、二河白道《にがびゃくどう》図、熊野観心十界曼陀羅《まんだら》等々、絵解きのレパートリーも幅広い。

絵解きに聞き入る参拝者

絵解きするには、「台本」と「語り」が重要になる。親鸞聖人絵伝を絵解きされる宇治谷祐司《うじたにゆうじ》氏（真宗大谷派福祐寺・愛知県津島市）からお話を聞いた。毎月の例会で座員が研鑽して台本作りを行うという。台本を全部暗記して語り出すが、台本に縛られると自分がつまらなくなってくる。各自がアレンジをして、台本から解放されてくると「語る」ということが身に染みて楽しくなった。参詣者との受け答えでライブ感が出て、生き生きしてくるという。絵伝の場面を指示する「お羽根指し」を使うことも、「見えようが見えまいが、語る力によって見せたい」。絵解きは真似《まね》から入るが、語り口調は真似できない。真似て真似きったとき自分の語りになるのであろう。

本證寺住職・小山興圓氏による絵解き

宇治谷祐司氏による親鸞聖人絵伝の絵解き

1877（明治10）年、東本願寺は、いわゆる絵解き禁止令（○甲第三十八号）を出している。理由は「訛伝謬説《かでんびゅうせつ》ヨリ宗義ヲ紊乱《びんらん》スル（誤った考えや説明をして宗義を乱す）」からであった。絵解きは、きちんとした仏教理解と親鸞聖人像を持ち、時流に流されず、芸に溺《おぼ》れなければ現代でも有効な教化方法であろう。

瑞泉寺の太子伝会《たいしでんえ》と絵《え》解《と》き

富山県南砺市

もう一度、城端《じょうはな》線に乗ってみたかった。前に乗車したのはいつであったか。城端別院へ行ったときだと思う。高岡駅から乗り込んだ列車は、コトコトと街並みをぬけていく。久しぶりに散居村《さんきょそん》の風景が見えてきた。屋敷林は風が吹いてくる山側にあり、あちらこちらに見ることができる。福野駅で下車、真宗大谷派井波別院・瑞泉寺《ずいせんじ》（富山県南砺市）へはタクシーで向かった。「風の強いところですよ、強風で学校が休みになったこともありますよ」と運転手さんが話してくれた。

瑞泉寺は山を背にした高台にあった。砦《とりで》のような大寺院である。井波《いなみ》彫刻で飾られた山門《さんもん》を入ると、本堂《ほんどう》と太子堂《たいしどう》の両堂がある。本堂は間口25間（46メートル）、奥行き23・5間（43メートル）の単層入母屋《いりもや》造り、太子堂は約16間（29メートル）4面の二重屋根造りである。北陸随一の大伽藍《がらん》という。これまで3度の火災に遭い、最後の1879（明治12）年に両堂が全焼、本堂は1885（明治18）年、太子堂は1918（大正7）年に再建された。瑞泉寺の創立は古い。本願寺第5代綽如《しゃくにょ》上人（1350～1393年）が1390（明徳元）年に開創したと伝わる（「勧進状《かんじんじょう》」の年号）。上人は、朝廷から依頼された難解な外交文書（国書）を解読し、その功績によって後小松天皇より勅願所として寺院建立が許可された。また、このとき聖徳太子ご自刻の2歳「南無仏太子像」と、『聖徳太子絵伝』8幅が下されたという。瑞泉寺2代は、蓮如《れんにょ》上人が本願寺継職の際に尽力した如乗《にょじょう》である。その後、蓮如上人次男の3代蓮乗《れんじょう》、4代蓮欽《れんきん》と続いて一向一揆を戦い抜いてきた。

真宗大谷派井波別院・瑞泉寺にて毎年7月後半に開催される太子伝会の絵解き

井波別院・瑞泉寺の山門

井波別院・瑞泉寺の本堂（右）と太子堂（左）

上／賽銭方の受付、法会が始まるとき鐘をつく
下／賽銭方による万人講

夏の風物詩になっている太子伝会《でんえ》は、毎年、7月21〜29日まで9日間行われている。由来が読み上げられる①縁起、②絵解き・懇志を募る、③万人講・太子堂本尊である南無仏太子像を開帳する、④御開扉《おみと》、がくり返される。この中、絵解きは『聖徳太子絵伝』8幅(写本)すべてを内陣に奉掛《ほうけ》して、8人の「絵解き師」が62座全場面の絵相を語り継ぐ。かつて5か寺が瑞泉寺を取り持ち、太子絵伝を語る伝承も守ってきたが、現在は誓立寺・照圓寺・妙蓮寺の3か寺の住職や若院《じゃくいん》さん、そして列座の僧侶が「絵解き師」役を担っている。連続して太子絵伝を絵解きしているのは、全国の中でもここだけであろう。

絵解きの様子を見てみよう。7月24日、午前10時15分から始まった半座を聴聞した。「十六歳太子戦争I」の一段、太子と仏教を排除しようとした物部守屋《もののべのもりや》とが合戦した場面である。最初に讃題として『御伝鈔』上巻三段の一節が読み上げられた。続いて、創立縁起や太子と親鸞聖人のこと、絵解きの始まりが1711年で今年が307年目なることなどが語られた。「本席お取り次ぎいたしますのは」と本題に入る。

「……戦いが始まりましたのは、7月の1日2日3日であります、河内国木木《きのもと》という所に戦いが始まります、御絵伝に見てみたいと思います、ちょうど4幅目の御絵相です、これが物部守屋のいわば基地ですね、藁《わら》を編んで水を含ませた稲藁の城(稲村城)、火を付けた矢が飛んできても火が付かないようになっている、…(神妙椋木《むくのき》の話)…」「この16歳の段をいただいてみますと、なかに

太子堂に『聖徳太子絵伝』8幅（写本）を奉掛し、9人の「絵解き師」が絵相を語り継ぐ

上／聖徳太子ご自刻の2歳「南無仏太子像」
下／南無仏太子像の縁起拝読

そういう人間の姿、自我意識中心の姿をみさせてもらっている、仏様の願いである選ばず、嫌わず、見捨てず、という願いを聞いておきながら選び、嫌い、見捨てる私たちがいるんだということを、この16歳の段でいただいたところでございます、……」「さて、この身の上にお念仏の教えが、いまここに伝わってきている、朝な夕なにお念仏申させていただくとき、3000年前にお釈迦様が仏教を説かれて、それから1300年前にはお

太子様がこの日本において仏教という宗教を取り入れられた、親鸞聖人の『皇太子聖徳奉讃《こうたいししょうとくほうさん》』という御和讃《わさん》の中に、「和国の教主聖徳皇、広大恩徳謝しがたし」、……私たちが今このようにしてお念仏をいただいておる、その源《みなもと》を訪ねてみれば聖徳太子様ご一生涯、傳灯演説《でんとうえんぜつ》、お命がけのご苦労の現れぞと、存ぜられたであろうなら、かかる弥陀を幸いに、「唯能常称如来号《ゆいのうじょうしょうにょらいごう》、応報大悲弘誓恩《おうほうだいひぐぜいおん》」といただきあげては、報謝の大行《だいぎょう》〜」と10時46分に終わった。語りの構成は、①讃嘆《さんだん》（経典や聖典の言葉）、②法説《ほうせつ》（讃嘆の意義）、③比喩《ひゆ》（本席でお取り次ぎする段）、④因縁（真宗の教えに導く）、⑤結《けつ》勧《かん》（結語で太子を讃嘆）、という5段説法である。

太子伝会のお斎《とき》には、名物「鯖《さば》ずし」が出る。2か月前の5月20日頃、鯖600匹が3枚におろされて、約1200人分が4斗樽に漬け込まれるという。太子伝会とは別に御巡回も行われてきた。法宝物や太子絵伝2幅をもって、かつては農閑期に年間700か所の村々を訪れては絵解きしていた。今は50か所ほどになってしまったという。川口久雄氏が1971年に実見した記録を残しているが（蒲池勢至編『太子信仰』雄山閣に収録）、臨場感あふれる語りの様子であった。北陸真宗門徒の篤《あつ》い太子信仰は、こうしたなかで伝承されてきたのである。

上／4斗樽に3枚におろした鯖とご飯、塩、山椒の葉を何層にも重ねて、蔵で2か月ほど寝かせる
下／太子伝会のお斎には鯖ずし（右下）が供される

吉崎東別院

Ⅳ 対談

懐かしい人々の暮らし

――民俗学から真宗と現代を考える

右上／蓮如上人御影道中・御上洛　右下／御上洛道中の頃に満開となるオオデマリ（准願寺・滋賀県長浜市）

八木 透 × 蒲池勢至

八木 透　佛教大学教授
蒲池勢至　同朋大学特任教授

先人の暮らしに学び、未来への道しるべを発信する。民俗学とはどんな学問で、現代の私たちにどんな知恵を伝えてくれるのか…。家族をめぐる民俗研究の第一人者で、京都の祭りや行事にも詳しい八木透教授と筆者による対談です。

過去ではなく現代を考えるのが民俗学という学問

蒲池　今日は、〝民俗学から真宗と現代を考える〟というテーマで八木先生とお話を進めていこうと思いますが、読者の中には「民俗学」という学問に馴染みのない方もおられると思います。そこでまず、民俗学とはどういう学問なのか、先生からご説明をいただけますか。

八木　そうですね。民俗学とは、現代社会に横たわる諸問題に目を据え、身近な日常生活を題材として、フィールドワーク（野外調査）という手法を最大限に生かしながら、私たちの暮らしの表裏に見え隠れするさまざまなことがらが持つ意味を読み解いていく、非常に魅力ある学問です。―とまあ、いつもそんなふうに説明しているのですが。

蒲池　民俗学というと、ともすれば昔のことを研究する学問だと思われがちなのですが、今のご説明にあったように、あくまでも現代の私たちの生活や社会を考えていく学問だというところが大切なのでしょうね。

八木　ええ。民俗学の礎《いしずえ》を築いた柳田國男《やなぎたくにお》も、民俗学は「現在学」だということを語っています。ただし、今あるものだけに目を向けていても、現代を知ることはできません。現代の諸問題を考えるためには、やはり直近の過去を振り返ってみて、そこからわれわれの生活がどう変化してきたのかというプロセスを知ることが大事です。それがまた、これからの未来を予測することにもつながっていくんじゃないかと思います。

蒲池　そのとおりですね。私たちが今生きている現在を切り取って断面を見てみると、そこには過去にあった習俗や生活文化が地層のように積み重なっているわけです。だからこそ、過去のことをいろいろ調べてみることは、現代の私たちが抱える問題を解き明かしていく上で有効な手段になりうるのでしょう。

見合い結婚と恋愛結婚、実は戦前に多かったのは…

八木　私はもともと、結婚や恋愛など家族に関する習俗や、「七五三」のように子どもが大人になる過程で経験する通過儀礼についての研究が専門だったのですが、その中から蒲池先生が今おっしゃったようなことを示す具体例をひとつあげてみましょう。

大阪府南部の泉南《せんなん》地域で、大正生まれの女性と昭和一桁《ひとけた》生まれの女性を対象に、結婚や家族についての聞き取り調査をしたときのことです。年齢的にはたかだか10歳ぐらいしか差のないこのふたつの世代で、配偶者選択の方法がまったく違ったんですよ。

蒲池　結婚相手をどうやって選んだか、ということですね。

八木　ええ。まず大正生まれの女性たちは、ほとんどの人が恋愛を経て結婚しているのです。たいがいは盆踊りで出会った人が好きになり、お互いの意思が固まってくると「アシイレ（足入れ）」といって男性が女性の家にこっそり泊まりにいく。ほとんどの親はそのことを認めてくれたので、それを契機に結婚した人が多かったんですね。ところが、昭和一桁生まれの女性に聞くと、そんな経験は全くなくて、ただただ親が決めた相手と見合い結婚したという人が多いのです。

おそらく大正生まれの女性が結婚したのは戦前

の昭和10年代でしょうし、昭和一桁生まれの女性は戦後になって昭和20年代後半から30年代頃に結婚したのでしょう。その10年ほどの間に、結婚や性に対する意識が大きく変わったことがわかったのです。

蒲池　それは面白いですね。たいていの人は逆に、昔は見合い結婚が多くて、後から恋愛結婚が増えていったと考えているんじゃないでしょうか。

八木　そう、実は逆なんですね。かつては恋愛結婚が主だったのに、ある時期からそういうのは不《ふ》埒《らち》だと否定され、見合い結婚が主流になっていった時期があるわけです。それがまた、終戦からしばらくたって生まれたわれわれぐらいの世代になってくると、今度は欧米の影響もあって自由恋愛至上主義のような傾向が強まり、恋愛結婚が増えていく。ところが、近年の若い人を見ていると、今度はまた自分で相手を見つけられない人が増えてきたのか、「婚活」とかいって集団見合いのようなことをやっているわけでしょう。ですから、実はこの100年たらずの時代の流れの中で、結婚や恋愛をめぐる習俗はけっこう頻繁に変化を繰り返してきたのだと考えています。

蒲池勢至（筆者）

お葬式のときに赤飯を出す本当の理由は？

蒲池　そんなふうに、実際に現場へ行って調査をしてみると、私たちの常識や先入観がひっくり返されることがたくさんある。そこがまた民俗学の面白いところですね。

私は、東本願寺が発行する『同朋《どうぼう》』という雑誌で「探訪 真宗民俗」という連載を2年間続けてきました。「真宗民俗」というのは、真宗門徒が多い地域の習俗や生活文化などを指すのですが、私はその研究にずっと取り組んできたわけです。その過程でいろんな疑問に突き当たってきましたが、その中でよく例にあげるのは、お葬式のときに赤飯を出すという、真宗がさかんな地域でときどき見かけるちょっと変わった習俗なんですね。

八木　葬儀という、いわゆる不祝儀《ぶしゅうぎ》のときに赤飯を出すというのは確かに珍しいですね。

蒲池　ええ。それで、どうして葬式に赤飯を出すのかと門徒さんに聞いてみると、〝亡くなった方はお浄土に往生されるのだから、そのお祝いだ〟という説明をされることが多いのです。しかし、それはきっと後からつけた理屈だろうなと、直感的に思っていました。

その後、愛知県の最西端にあった八開村《はちかいむら》（現在は愛西市の一部）という小さな村で悉皆《しっかい》調査をしたことがありました。そこでわかってきたことは、かつてその村では誰かが結婚すると嫁さんの実家が赤飯を持っていき、さらにその人が亡くなったときにも、ずっとお付き合いいただいたお礼ということでまた赤飯を持っていくという慣行があったらしい。ところが、時代を経るごとにその贈答慣行の形が崩れていき、やがては葬式のときに赤飯を持っていくだけになってしまった。それが、葬式で赤飯を出すという習俗の由来ではないかと推察できるわけです。

実は、赤飯についての全国的な調査結果を見る

八木 透　佛教大学教授

と、葬儀のような不祝儀のときに赤飯を出すという習俗は、真宗がさかんな地域に限らず全国的にあるんですね。そういうときに出される、赤い色をつけない赤飯というのもあちこちで見られるようです。

八木　もち米を蒸しただけで色をつけない赤飯を、京都では「おこわ」といいます。

蒲池　そのおこわをお盆のとき盆棚に供えるのが、京都の慣わしになっているようですね。

ともあれ、今の例のように「どうしてお葬式に赤飯を出す地域があるのか」といった疑問を抱いたとき、自分の足を使って調査し、教科書には載っていないような答えを見つけることができる。それが民俗学の大きな魅力だろうと思います。

自分の足で歩いて調べるフィールドワークという研究方法

蒲池　八木先生が最初にされたお話にもあったように、民俗学の特色のひとつは、フィールドワークという研究方法が中心になるという点ですね。

八木　そうです。もともと柳田國男が民俗学を始めたのは、文献史料だけを重視する歴史学を批判し、それに替わって人々が口承《こうしょう》で語り伝えてきた生活習慣や信仰などを聞き取り、分析することをとおして日本人の生活文化を解き明かそうという意図があった。ですから、自分の足で村を歩き、人々の話を自分の耳で聞き取ることが民俗学の基本であって、極端に言えばフィールドワークをせずに文献を読むだけの研究は民俗学とは呼べないわけです。

蒲池　私も、学生に民俗学を教えるときにいつも強調するのは「歩く」「見る」「聞く」、そして「考える」ということの大切さです。今はネットなどを通じてあらゆる地域の情報が簡単に手に入る時代ですが、やはりその土地を自分の足で歩き、自分の目や耳で見聞きすることをしない限り伝わってこないことがあるんですね。

フィールドワークの中でも、特に民俗学の研究において欠かせないのは、その土地のお年寄りなどから話を聞いて記録するという「聞き書き」という手法です。今の若い人は、世代の違う人とのコミュニケーションが苦手ということが多いので、学生たちに聞き書きを体験させるのはなかなか大変なのですが。

八木　確かに、聞き書きの対象になるのは初めて会った方が大半ですので、そう簡単に気を許してもらえないということがあります。特に民俗学の調査というのは、「おばあちゃんはおいくつで結婚されたんですか？」といったプライベートな質問をすることが多いので、そんなことを聞いても心を開いて話してもらえるような信頼関係をどうやって築いていくのか、ということが肝心ですね。お話をお聞きするときの態度や言葉づかいにしても、あまり杓子定規《しゃくしじょうぎ》になってはだめですし、かといってもちろん乱暴な態度でもいけません。そうしたコミュニケーション能力のようなものが問われます。

民俗学を学ぶ学生たちには、毎年どこかの村へ実習に行き、お年寄りに集まっていただいて話を聞くという体験をしてもらいます。すると、それを体験した学生が卒業してからよく言うのは、「あのときの経験が就職活動ですごく役立ちました」と（笑）。

蒲池　それはよくわかります（笑）。

八木　面接の練習などは大学の就職のための研修でもできますが、世代が全く違うお年寄りからどうやって話を聞き取るか、といった能力を養う機会は、今の学生にはあまりないんですね。ですから民俗学の実習というのは、研究者を目指していない学生にとっても、将来のために役立つと思います。

嫁・姑問題を学際的に追究してわかってきたこと

蒲池　ところで、先ほどお話しされたように、八木先生は家族をテーマにした研究にずっと取り組んでこられましたね。それには何か理由があったのでしょうか。

八木　そのきっかけは、私自身が幼い頃からずっと気になってきたある体験です。

私の家は、祖母と両親と私の4人家族でした。そして、祖母と母は仲が悪く、毎晩のように諍《いさか》いを繰り返していたんですね。私が幼稚園児だった頃のことですが、その険悪な雰囲気は今も鮮明に覚えていますし、嫁と姑《しゅうとめ》とはどうしてこんなに仲が悪いのかということが子ども心にも不思議で仕方なかったのです。

その印象がずっと心にわだかまり続けていたので、高校生のときに尊敬していた日本史の先生に相談してみました。大学で何を研究したら、嫁・姑問題の背景が解き明かせるだろうか、と。すると先生が、「民俗学という学問分野がある。それを勉強したら何かわかるかもしれない」と教えてくれたんですね。

ですから、嫁・姑問題から出発して、家族というものをいろんな角度から考えてみようと思ったことが、民俗学を専攻した動機です。ところが、いざ研究を始めても、問題の背景はなかなか明らかになってこない。ようやく糸口が見えてきたのは、40歳代になって社会学や文化人類学など他分野の専門家たちと共同研究をするようになってきてからです。

蒲池　どんなことがわかってきたんですか？

八木　実は嫁・姑問題というのは、そんなに昔からあったわけではなく、近代のある一時期になってから急速に顕在化した現象なんですね。それは、遡《さかのぼ》ってもせいぜい戦前の昭和10年代以降の時期です。

なぜその時期になってその問題が急速に浮上してきたのか。大きな要因は、近代になって産業化が進み、夫は外で働いて妻は家の中で家事や子育てに専念するという、社会学でいわれる「近代家族」というあり方が一般的になってきたことです。そのことによって、嫁も姑もいわゆる「専業主婦」が大半を占めるようになっていくわけですね。

蒲池　それまで、特に農村や漁村では女性が農作業などを担って外で働くのが当たり前だった。ところがその時期になると、女の人は家の中にいて家事を担うというのが主な役割になっていくわけですね。

八木　ええ。そうなると、嫁も姑も一日じゅう家にいて、一緒に家事を担うことになりますね。世代も経験も違い、もともと他人だったふたりが四六時中顔を突き合わせて働くわけですから、諍いが起きることも多い。さらに、戦後になって昭和30年代ぐらいは洗濯機や掃除機といった家電製品が普及し、子どもの数の減少もあって、少し時間に余裕ができてくる。それまでなら、女性は農作業をしないといけないし、家事も子育ても大変したから、喧嘩している暇なんてなかったわけです。

その後、昭和40年代ぐらいになると核家族化が進み、二世帯住宅も普及してきて、嫁・姑問題はしだいに沈静化していきます。つまり、私が幼稚園児だった1960（昭和35）年頃は、ちょうどその問題がピークを迎えていた時期だったわけです。

お墓や葬儀は仏教とどう結びついているのか

八木　蒲池先生にも、「真宗民俗」という研究分野を選んだ動機はあったんでしょうか。

蒲池　私の場合、高校生ぐらいの頃からずっと抱えてきたのはいたってシンプルな問題でした。というのは、私はお寺に生まれましたので、小学生の頃からお経《きょう》を覚えさせられ、お盆には墓参りの手伝いもさせられたわけです。すると、高校生にもなれば、〝お墓の前でお経を読むのは果たして仏教と言えるのか〟という疑問が湧いてくる。あげくの果てにはお経を読むのが嫌になって、キリスト教系の同志社大学に進学しました。そこで出会ったのが、八木先生と私との共通の師である民俗学者の竹田聴洲《ちょうしゅう》先生です。ところが、竹田先生はお墓の研究をテーマのひとつにしておられたので、そこでまた仏教とのつながりができてしまったんですね。

ただし、日本人である私たちは仏教とお墓は切り離せないように感じていますが、実はそうではありません。同じアジアの仏教国であるスリランカやミャンマーやブータンに行ってみると、そこではお墓はほとんど見られない。お墓があるのは、中国や韓国のような儒教の文化圏なんですね。ですから、日本における仏教とお墓の関係とは何なのか。さらにそれに絡んで、葬儀や先祖供養との結びつきをどう捉えるのか。そうしたことをどう考えれば納得できるのか。それが自分にとって大きな問題でした。そうした問題を民俗学の分野で追究することが、私にとっての真宗民俗研究になってきたわけです。

葬儀の急速な変化が意味しているもの

蒲池　そういうわけで、お葬式やお墓についての調査をずっと続けてきましたが、この30年間ぐらいで葬儀の形が急速に変わっていきました。それまで主流だった自宅葬に代わって、葬儀会館などでの業者による会館葬がみるみるうちに主流になっていく。ご遺体の枕元に供える枕飯《まくらめし》や枕団子といった習俗は10年ぐらいで姿を消し、祭壇のしつらえなども葬儀業者が自分たちでオリジナルの型をつくっていくようになります。

八木　そうでしたね。

蒲池　そして、10年ほど前からでしょうか、「家族葬」という言葉が流行りはじめ、親戚や近所の人を呼ばずに近親者だけで葬儀をすませる形が広がっていきます。「家族葬」という言葉はきれいですし、大がかりで派手な葬儀はやめ、本当に身近な者だけ集まって亡き人を質素に送り出しましょうというような、温かみのあるニュアンスで受け止められたのでしょう。しかし、そこには大きな問題があります。それは、「死」とはいったい誰にとっての死なのか、ということですね。故人その人にとっての死なのか、家族にとっての死なのか、それとも社会的な意味での死なのか。そのことを深く考えずに葬儀の縮小化が進んでいき、最近では隣の家のお祖母さんが亡くなったことを全く知らずにいた、などということが当たり前の状態になってきました。

八木　そうですね。故人の昔の同僚や親友などにも報せが届かないので、あの人はいつのまに亡くなってしまったのか、と思うことが多くなりました。

蒲池　しかしそうした葬儀の現状について、導師《どうし》を務める私たち僧侶が苦言を呈することは、ちょっとできない雰囲気になってきました。私自身、お通夜の席で批判めいたことを口走ってしまい、お叱りを受けたことがあります(笑)。私が言いたかったのは、葬儀は簡略化していいけれど、死を閉ざしてはいけないのではないかということだったのですが、その真意はなかなか理解してもらえません。

八木　本当にそのとおりだと思いますが、その背景にあるのは何なのか。昔の村落であれば、親族の葬儀というのは自分の意思とは無関係に、村の慣例としてどうしてもやらざるを得なかったでしょう。しかもそういうお葬式では、喪主や故人の親族は何もせずにじっとしていればよかったわけです。なぜなら周りの人がみんなやってくれるから。

蒲池　そうですね。

八木　しかも、村の慣例で必要なものはみんなの持ち寄りで調達してもらえたりするので、お金はほとんどかからない。ところが、近年の都市における葬儀というのは、葬祭業者に高額のお金を払ってやらないといけないわけですから、少しでも安くすませようとすると、規模を小さくせざるを得なくなる。だから家族葬はもとより、首都圏などでは通夜も告別式もせずにすぐ火葬してしまう「直葬《ちょくそう》」(〝じきそう〟と読むことも)というスタイルが増えていますね。そうした変化の最大の原因は、業者による葬儀が広まることによって、葬儀が経済的効果を生む儀礼になってしまったことだと私は考えています。

民俗学が未来へ向けて発信できること

蒲池　かつての私自身もそうでしたが、若い人にとっては葬儀とか墓参りといった儀礼的な行為は意味がないように思えたり、できればしたくないという気持ちになるのもわかります。しかし、現在の私は僧侶として職業的に儀礼に関わっていますし、そのことは別にしても、やはりこの歳になってくると、人生において儀礼的なものが大切な役割を果たしていることがわかってきます。そうした儀礼がもつ意味について、八木先生はどのようにお考えでしょうか。

八木　これまで、七五三や成人式といった通過儀礼を調査研究してきて思うのは、1年の間にも正月やお盆といった年中行事があるように、人生にもやはり節目となる行事がないと、これまでの歩みを振り返ることもなく、自分を取り巻く人間関係を反省したりすることもなしに、ただのんべんだらりと一生を過ごすことになりはしないかと思うんですね。そんな人生はつまらないと思いますし、だからこそ、若い人も儀礼なんて無意味だと言いながらも、実はけっこうきちんとやっていたりする。お葬式でも結婚式でも、やり方は変わっていくでしょうが、そうした儀礼というものは決してなくならないと思います。

蒲池　文化人類学者のクリフォード・ギアツは、「儀礼を媒介にして、想像的なものと具体的で実践的なものが結びつく」ということを言っています。そこからすると、儀礼の意味を見失っている現代の私たちは、「具体的で実践的な」日常生活の営みと、信仰や神話の物語のような「想像的なもの」を結びつける力を失っているのかもしれませんね。

八木　民俗学にできることは、「○○をきちんとやりなさい」などと押しつけるのではなく、これまで先人が暮らしの中でどんな工夫をしてきたかを見直すことをとおして、人が生きていく上で道しるべになるようなものを未来へ向けて発信することだと思うんですね。

蒲池　ひとつ忘れてはならないのは、八木先生の編著『新・民俗学を学ぶ――現代を知るために』（昭和堂）の最初の方にも書かれているとおり、民俗学は柳田國男の「何故に農民は貧なりや」という問いかけに端を発した「実学」であるということです。つまり、農民が貧しさから解放されるにはどうすればよいかという現実的な経済（経世済民《けいせいさいみん》）の問題に、民俗学も大きく関わっていた。そこから考えれば、例えば先ほどお話しした葬儀の問題や、お墓をどうするかといった現代社会でみんなが困っている具体的な課題について、実践的な提言をしていくことも民俗学の大切な役割なのかもしれません。

八木　現代は、そうしたことが強く求められる時代だと思います。

左・**八木 透**　やぎ とおる

1955年京都市生まれ。同志社大学文学部文化学科卒業。佛教大学大学院博士後期課程満期退学。博士（文学）。専攻は民俗学。現在は佛教大学歴史学部教授。日本民俗学会元理事、世界鬼学会会長。京都府・京都市文化財保護審議委員。『婚姻と家族の民俗的構造』（吉川弘文館）、『京都愛宕山と火伏の祈り』（編著・昭和堂）、『男と女の民俗誌』（共著・吉川弘文館）、『京のまつりと祈り』（昭和堂）、『日本の民俗信仰を知るための30章』（淡交社）など著書多数。

右・**蒲池勢至**　がまいけ せいし

※プロフィールは奥付参照

あとがき——儀礼の伝承と現代社会

本書は、月刊『同朋《どうぼう》』誌（東本願寺出版発行）に2017（平成29）年7月号から2019（令和元）年6月号までの2年間、計24回連載したものをまとめたものである。掲載にあたって、「Ⅰ 真宗門徒の年中行事」「Ⅱ 真宗と現代葬儀」「Ⅲ 真宗の門流と殉教・教化」の三章に組み替えた。連載の最終号で行った八木透氏（佛教大学教授・民俗学）との「Ⅳ 対談　懐かしい人々の暮らし——民俗学から真宗と現代を考える」も併せて掲載した。若干の加筆訂正を行っている。

東本願寺出版から「真宗民俗」の内容で連載を、というお話をいただいたときは一瞬、躊躇した。以前、真宗大谷派の宗報『真宗』に「蓮如上人《れんにょしょうにん》と伝承の土壌」と題して28回連載（1996～98年）したことがあったが、今は年を重ねて体力的に不安があり、相変わらず自坊の仕事も忙しい。しかし、この20年余の間だけでも社会が大きく変化してしまったので、もう一度「真宗門徒の民俗はどうなっているのか」という思いから執筆をお引き受けさせていただいた。

タイトルは「探訪　真宗民俗」としたが、背景にあった課題は「儀礼の伝承と現代社会」である。『真宗』での連載で各地を回ったときは、1990年代初めのバブル崩壊後で景気が後退、「構造改革」が叫ばれていた。続いて2010年代までが「失われた20年」、そして低成長時代となった。スマートフォンやSNSが急激に浸透したのは、2006年から2010年頃である。世の中は混乱から多様化が進み、伝統的な制度や慣習は壊れて人々の行動と価値観はさまざまになった。「しなければいけない」「こうあるべきだ」という常識は解体され、「何でもあり」の社会になった。今は「働き方改革」である。

私は、1970年代半ばから葬送儀礼や墓制に関心を持って民俗調査を行ってきたが、これだけ激しく葬式や墓が変化しようとは想像できなかった。「家族葬」や「墓じまい」などに典型的にみられるような現象は、日本社会が超高齢化と少子化になり、65歳以上の高齢者が急増、一人暮らしの単独世帯が一般化、介護と無縁化、親子の断絶と家族構成の変化、格差と貧困等々の問題が背景にある。多くの場合、若い世代が家族というとき、老人は含まれていないが、ペットは家族である。誰もが働く時代となり、若年世帯も子育てがままならない。私は5年前から「先祖は死んだ、しかし死者は眼前にある」と話すようになった。従来の「家」観念がなくなってきたので「先祖」意識が希薄になり、仏壇も墓も変化した。「家」が継承されてきたから仏壇も墓も先祖も守られてきたのである。そして寺院をめぐる環境も変化し、多くの住職は寺院存続の危機感を抱くようになってきた。明治維新の近代化や戦後の混乱期でも生き延びてきた寺檀制度も、ここに至って瓦解しつつある。寺院や僧侶、宗教の役割と存在意義が問われるようになった。

こうした中、真宗寺院や門徒は、どのように生活して生き、真宗の教えを守り続けて伝承しているのか。本文を改めて読み返すと、伝統を守っている行事、廃絶の際《きわ》にある行事、再生と創造された行事などさまざまであったと気づく。岐阜県郡上市本光寺の「報恩講《ほうおんこう》・タカタカマンマ」は、伝統を守り続けていて、お斎《とき》や「食べる」ことの大切さと意味を教えてくれた。長崎市西光寺の「初参式《しょさんしき》」は、人間として生まれたことと仏縁に遇《あ》うことを教えてくれる。「蓮如上人御影道中《ごえいどうちゅう》の御上洛《ごじょうらく》」は、20年前と変わることなく歩き続け、地域の人々は御到着を待ち受けていた。廃絶された旧徳山村の道場や報恩講は、私の記憶の中に残っている原点である。高田派専修寺報恩講における「通夜講」は、存続の瀬戸際にあった。「四天王寺の彼岸会《ひがんえ》」や「飛騨門徒と荘川桜」は、復活再生した信仰行事と物語である。三条別院の「お取り越し報恩講」は、現代に再生しようと苦闘している新しい試みであった。越中八尾・聞名寺の「風の盆法要」は、伝統を継承しつつ、新たに創造された見事なものであった。お念仏《ねんぶつ》を民謡おわらで唄いあげることなど、すばらしいことであったと思う。「人の世や　人の世ながら　人の世ながら　オワラ　さりながら姿なく　声も聞けねど　我は待つ」、「何もないけど　またおいで　ただ一言が　身に染みる…風よ今年も私を乗せて　越中八尾へ連れてゆけ」。何度でもお参りしたくなる。「絵解《えと》き」も伝統を踏まえて現代に復活していた。

民俗の儀礼には、年中行事のような「歳時儀礼」と、誕生・婚姻・死といった「人生儀礼」がある。真宗門徒の生活にも儀礼があり、中には真宗や門徒が生み出したものもある。一般の民俗儀礼と異なる大きな特徴は、真宗の教えと門徒の信心によって伝承されてきたことであろう。これまでの民俗儀礼の多くが現代社会では変容したり消滅したように、真宗門徒の民俗も同じである。先に少し述べたように、社会構造や生活スタイルの激変によって意識や価値観が多様化したことによる。

伝承文化の儀礼を継承していくには、「型」と「言葉」が不可欠である。そして、もっとも重要なことは「儀礼は商品ではない」ということにある。儀礼がビジネスの対象となり商品化されると、型は壊され、言葉は意味を失う。そして儀礼は世俗化して、儀礼の持っている宗教性や想像的なものを喪失してしまうだろう。このことは、現代の葬儀をみれば明らかである。もはや「葬儀」という言葉も使われず、「告別式」と表現されることが多くなった。

葬儀とは「葬送儀礼」のことであり、「葬（はふり＝ほうむる）の儀礼」である。30年前まで真宗門徒は、自らの手で葬儀を行ってきた。通夜では『正信偈《しょうしんげ》』を一緒に読み、お念仏を称《とな》えてきた。しかし、１９８９（平成元）年以後、葬儀会館ができてから業者にすべて委託するようになってしまった。その結果、人間としての「死」の意味まで分からなくなり、「あいまいな死」になってしまったのが現代である。真宗門徒の葬儀とは、親鸞聖人《しんらんしょうにん》を通して真実の教えに出遇い、いま人身を尽くして、お浄土へ往生成仏《おうじょうじょうぶつ》させていただく儀礼であった。伝承させる力は、自分たちで考え行う行為にある。

便利さと快適さという欲求を追い求めれば、どんどん追い求め続けねばならない。人間は、どこまでいっても満足することをしらない存在である。しかし、また真実なるものを求める存在でもある。そうでなければ、人間として生まれてきた人生を尽くすことができないだろう。

取材に訪れた各地のご住職やご門徒の方々からは、貴重なお話を聞かせていただいた。ここに深甚の謝意を申し上げる。

２０２０年１月４日

蒲池勢至

蒲池勢至《がまいけ せいし》

1951年愛知県生まれ。同志社大学文学部文化学科・同朋大学文学部仏教学科卒業。博士（文学）。専攻は民俗学。同朋大学特任教授、同大学仏教文化研究所研究顧問。真宗大谷派名古屋教区長善寺前住職。著書に『真宗と民俗信仰』（吉川弘文館）、『真宗民俗の再発見』（法藏館）、『民衆宗教を探る 阿弥陀信仰』（慶友社）、『お盆のはなし』（法藏館）、『真宗民俗史論』（法藏館・2014年柳田賞受賞）、『太子信仰』（編著・雄山閣）、『蓮如上人絵伝の研究』（共編著・東本願寺出版）、『真宗門徒はどこへ行くのか』（法藏館）などがある。

写真提供（頁番号）
大谷祖廟（99, 101下）、鹿児島別院（116下、117右）、小松教務所（34中、36上、37上）、三条別院（72下）、荘川観光協会（109下）、専興寺（84〜85）、長善寺（65〜68、69中・下）、三河すーぱー絵解き座（126）、薬師寺（9）、山江村歴史民俗資料館（115）、楽行寺（117上・左）、蓮成寺（87）

写真撮影（頁番号）
石川直樹（50）、大西暢夫（26〜31、44〜46、47上、109上、110、111上、111左下、113右）、木村充宏（7）、谷山写真館（119〜123）、福尾行洋（138、139、147）、藤﨑恵美（8、34上、48〜49、51下、52〜53、55下、56〜57、58上、59、70〜71、72上・中、73、75、77、99、130、131、132中・下、133）

※上記以外は著者撮影

デザイン　津村正二

探訪《たんぼう》 真宗民俗《しんしゅうみんぞく》——儀礼《ぎれい》の伝承《でんしょう》と現代社会《げんだいしゃかい》

2020（令和2）年6月28日　初版第1刷発行

著　者　蒲池勢至
発行者　但馬　弘
発　行　東本願寺出版（真宗大谷派宗務所出版部）
〒600-8505 京都市下京区烏丸通七条上る
TEL 075-371-9189（販売） 075-371-5099（編集）
FAX 075-371-9211
印刷・製本　シナノ書籍印刷株式会社

ISBN978-4-8341-0618-3　C0015